Radha Burnier

Não há outro caminho a seguir

Não há outro caminho a seguir

Tradução:
Francinaldo Freire da Silva

Editora Teosófica
Brasília-DF

The Theosophical Publishing House
Adyar, Madras, 600 020, Índia, 1996

EDITORA TEOSÓFICA
Sig Sul Qd. 06 Lt. 1.235
70.610-460 – Brasília-DF – Brasil
Tel.: (61) 3322.7843
E-mail: editorateosofica@editorateosofica.com.br
Site: www.editorateosofica.com.br

Dados Internacionais de Catalogação na Publicação (CIP)

Burnier, Radha (1923-2013)
B 966n

Não há outro caminho a seguir/ Radha Burnier; Francinaldo Freire da Silva. -- Brasília, DF: Teosófica, 2016.
124 p. ; 13,5 x 19,5 cm

ISBN: 978-85-7922-125-5
Título original; No other path to go

1. Teosofia. 2. Religião. 3. Cosmologia. (Deus).
I. Francinaldo Freire da. II. Título

CDD 290

Revisão: Walter Barbosa e Zeneida Cereja da Silva
Diagramação: Reginaldo Mesquita - (61) 3341-3272
Capa: Marcelo Ramos
Impressão: Grafika Papel e Cores
E-mail: comercial@papelecores.com.br

Sumário

Esta obra contém artigos que são uma contribuição da autora para a revista *The Theosophist* sobre o assunto da Senda Espiritual. Tais artigos são elucidações dos grandes ensinamentos contidos em *Luz no Caminho*, de Mabel Collins.

Dentro de ti está a luz do mundo – a única luz que pode ser projetada sobre a Senda[1]. *Se fores incapaz de percebê-la dentro de ti, é inútil procurá-la em outra parte.*

---

[1]Senda ou Caminho Espiritual. (N.E.)

Capítulo 1

A Vida Espiritual

'Espiritual' é uma daquelas palavras como 'amor', 'deus' e 'bom' que, visto não corresponderem a objetos ou fatos, significam coisas diferentes para pessoas diferentes. A palavra 'bom', por exemplo, seria interpretada num sentido superficial ou profundo por aqueles que experimentaram a bondade num nível superficial ou profundo. A palavra 'espiritual' pode similarmente significar muito ou pouco, ou absolutamente nada.

Cada pessoa que se interessa pela vida espiritual deve descobrir se a palavra espiritual corresponde a alguma coisa em seu íntimo, ou se é meramente uma palavra usada pelos outros e, portanto, até onde lhe diz respeito, é um mero conceito, uma noção teórica sem base alguma em conhecimento pessoal. Por outro lado, cada um de nós pode afirmar que a palavra 'amor' tem uma base em conhecimento pessoal, pois todos experimentamos o amor de uma ou de outra forma. Nossa experiência pode ser limitada, diluída, intermitente, mas não importa como seja, serve para nos dar uma ideia de um amor diferente, maior.

Para muitos de nós a palavra 'espiritual' é como a palavra 'Deus' – uma palavra que pode encobrir muitas contradições e ilusões; uma palavra que podemos interpretar de acordo com nossos desejos e inclinações secretos.

Uma pessoa é incomodada por problemas sérios e persistentes; ela é solitária ou malsucedida. Então, sobrecarregada e desiludida, ela recorre ao assim chamado espiritual em busca de alívio. Se ela tivesse sido bem-sucedida no mundo material, provavelmente não teria buscado nenhum outro caminho, sua aparente aspiração pelo espiritual seria meramente uma fuga, e a palavra lhe transmitiria apenas uma desejada mudança das experiências terrenas.

Existem outras que foram condicionadas a passar uma parte de seu dia envolvidas com atividades religiosas que, segundo lhes disseram, lhes trariam benefícios espirituais. Então milhões de hindus, budistas, cristãos e outros repetem orações e participam de rituais de adoração com pouca reflexão ou dando pouca atenção ao seu significado interno. Este é o molde confeccionado para elas pela sociedade na qual vivem, e elas caem prontamente nele; noutras circunstâncias, elas se encaixariam naturalmente em outro molde. Portanto, elas não estão realmente se voltando para o espiritual; elas estão se conformando com aquilo que é mais fácil e fazendo aquilo que os outros esperam delas.

A busca espiritual também pode ser uma garantia contra possíveis dissabores futuros, e neste caso seria uma expressão de medo latente. Assim pode ser uma espécie de investimento, uma precaução de um negociante contra tempos difíceis; quanto mais ele pecar e for indulgente consigo mesmo nesta vida, tanto mais ele sente a necessidade de pavimentar um caminho seguro para o outro mundo.

Cada um, portanto, que deseja seguir uma vida espiritual precisa testar a si mesmo e examinar seus motivos. Tais coisas hão de tentar se esconder, pois não gostam de ser trazidas à luz. Porém, se o aspirante se deixar iludir, ele não encontrará a iluminação que procura. Então ele precisa examinar a si mesmo para ver se ele realmente deseja seguir a vida espiritual, ou se ele está atrás de uma fuga, uma acomodação confortável, ou uma segurança no futuro.

Quando a busca espiritual é ilusória, a pessoa dedica a ela apenas uma parte de sua vida. Esta parte está somente na superfície e então ela age no nível superficial, preocupada apenas com atividades externas as quais ela gosta de chamar de espirituais. Ou ela pode devotar uma pequena parte da sua vida a determinadas práticas, e o restante fica totalmente entregue a outras buscas no mundo. Assim, ela pode ir à igreja ou ao templo, tomar parte nas orações rotineiras e tentar uns poucos momentos de meditação, ao passo que a maior parte de sua vida permanece desligada dessas ocupações e não influenciada por elas.

A busca pelo espiritual não deve ser compartimentalizada, mas integralmente de coração, não por autogratificação pessoal, mas uma busca intensa, ainda que impessoal. Em *Aos Pés do Mestre*[2] é dito:

> "De todas as qualificações, o Amor é a mais importante, pois se for bastante forte em um homem, impele-o a adquirir todas as demais, e todas as demais sem o Amor nunca seriam suficientes. Frequentemente é expresso como um intenso desejo pela libertação da roda de nascimentos e mortes, e de união com Deus. Porém, entendê-lo deste modo parece egoísta, e transmite apenas uma parte de seu significado. Não é tanto desejo como *vontade*, resolução, determinação. Para produzir seu resultado, esta resolução deve preencher de tal modo toda a tua natureza, que não exista lugar para qualquer outro sentimento. É, na verdade, a vontade de ser uno com Deus, não para que possas escapar à fadiga e ao sofrimento, mas para que, por causa de teu profundo amor por Ele, tu possas agir com Ele, e como Ele age. E porque ele é Amor, tu, se quiseres tornar-te uno com Ele, deves também estar pleno de perfeito altruísmo e amor".

A vida de Buda é um exemplo inspirador de uma resolução pela busca da iluminação,

---

[2] Editora Teosófica, pp. 78-80, 8ª ed. Brasília, 2010. (N. E.)

originada a partir da compaixão pela sorte dos homens. Ele viu um mundo triste e afligido por doença e morte, crueldade e ignorância, e ele sentiu tamanha compaixão pelo mundo que, para favorecer esse mundo, buscou a única luz que lhe traria libertação.

Consequentemente, a resolução pela vida espiritual deve começar com uma profunda preocupação com os outros e um desejo genuíno pelo bem de todos, não como uma forma de autopromoção ou realização pessoal. O buscador não deve ser indiferente ao mundo ou voltar-lhe as costas enojado, como muitos monges e ascetas fizeram, nem deve ser engolfado por esse mundo. Os seus sofrimentos também são os dele – os sofrimentos causados pelo ódio e pela crueldade, competição, contenda, solidão, inveja e ambição. Por incontáveis anos, milhões de pessoas vêm vivendo deste modo, lutando pela terra, dinheiro, posses, fama e poder. Mas são estas coisas dignas de se possuir?

Qual é a causa do ódio e da ambição? Por que a solidão existe? Qual é o sentido da vida? Estas e muitas outras perguntas surgem a partir da observação que aquele que questiona faz da sua própria vida; nem o questionamento nem a busca devem se basear em considerações superficiais ou nas visões de outras pessoas. A clareza, que é a luz do discernimento, surge quando a pessoa se dá ao trabalho de estudar a vida profundamente por si mesma. Isso marca o início da senda espiritual.

Deve haver clareza de percepção a fim de que se possa distinguir o que é essencial. A clareza torna possível ver que a causa raiz de nossos problemas é o egoísmo. Se há violência, a pessoa pode ver a sua fonte em cada ser humano, e transitar do sem importância para o básico, do fato superficial para o ponto fundamental.

Apenas quando existe clareza junto com uma profunda preocupação com o bem de todos os seres, é que a procura está bem iniciada. Descobrir o que é espiritual é por si mesmo a vivência da vida espiritual. Pois as grandes verdades da vida não são fatos externos, mas dimensões da consciência. Harmonia, amor, bondade e paz não podem ser conhecidas da mesma maneira que uma pessoa conhece um carro ou uma pedra – objetos cuja forma, cor, textura e outras características podem ser percebidas e podem ser retidas na memória. O amor não é um daqueles objetos externos ao ser. Deve estar na própria natureza do ser, pois o único modo de conhecer o amor é sentindo o amor e sendo amoroso.

Para saber o que é espiritual, deve existir o espiritual dentro de si mesmo. A vida espiritual, portanto, não consiste em fazer várias coisas, mas em provocar uma transformação interior, um determinado estado interior. A pessoa vem a saber o que é tal estado por entender a si mesma, o que significa observar o que está se passando em seu interior. Através da observação, ela precisa purificar sua própria natureza de tudo aquilo que pertence à vida material ou mundana, vê-la como realmente é e rejeitá-la.

A vida mundana não consiste de contato físico ou mental com coisas materiais. A matéria está em toda parte e não é possível escapar dela. Essencialmente, portanto, a vida mundana não é meramente contato com a matéria, mas uma atitude de posse. Há uma grande diferença entre o relacionamento que temos com os objetos, as pessoas, as ideias, quando há uma ânsia de posse e quando não há. De fato, um relacionamento possessivo não é um relacionamento verdadeiro porque, visto que a mente possessiva é incapaz de perceber o verdadeiro significado, o valor intrínseco de uma coisa se perde de vista quando o que conta é a utilidade para si mesmo. Portanto, a ganância por adquirir e possuir deve ser inteiramente erradicada, se nós estivermos dispostos a fazer a jornada desde o mundano para o espiritual. A mente precisa aprender a não se apegar quer a objetos concretos, quer a objetos mentais ou espirituais, e a renúncia à posse deve ser total – interna e externa.

A vida material ou mundana também assume a forma de uma imposição da vontade de uma pessoa sobre os outros. Envolve o sentimento de que as próprias ideias e interesses devem prevalecer e que as circunstâncias, as pessoas e as coisas devem ser tanto submetidas quanto feitas em conformidade com elas. Quando frustrado, o desejo arraigado por poder se converte em violência em um grau maior ou menor – não somente violência de guerra, mas assassinato e dano à vida, violência sob a forma de tirania sobre a esposa, o marido ou o filho, a violência da língua afiada e do discurso grosseiro. A ausência de violência, que significa não ter um senso de poder sobre os outros ou desejo de dominar, é encontrada na estrada que conduz para longe da vida mundana.

Todos estão o tempo todo procurando maneiras de fazer com que o mundo os satisfaça, exigindo que o mundo lhes proporcione prazeres, segurança, satisfação permanente, afeto e reconhecimento. É necessária uma observação atenta e imparcial para perceber que isso faz parte da própria psicologia de uma pessoa. Transcender a vida mundana significa estar internamente livre de exigências, contentar-se com o que vem sem que se peça, seja sofrimento ou alegria. Pedir e ser satisfeito por aquilo que se pede é o modo do mundo. Não pedir nada, nem ao *karma*, nem a Deus, ou a outra pessoa, e permanecer contente com o que quer que seja, é sinal de uma natureza que não pertence ao mundo.

Quando somos capazes de aceitar a nós mesmos, as circunstâncias, pessoas e coisas como elas são, sem exigirmos que sejam diferentes, não há necessidade de fingimento, faz-de-conta ou autoengano. "Nunca desejes brilhar ou parecer inteligente", diz *Aos Pés do Mestre*, pois aparentar ser outra coisa diferente daquilo que é, ou tentar fazer com que as coisas pareçam ser diferentes daquilo que são, é uma ilusão da vida mundana. Aquele que quer rejeitar as maneiras mundanas precisa corporificar a verdade em cada pensamento, palavra e ação.

Uma forma de falsidade na qual a mente pode se enredar é a confusão de um fato com o reflexo daquele fato na mente. O reflexo pode se tornar tão forte que a coisa refletida regride para um segundo plano e a imagem passa a ser tomada em lugar da coisa propriamente dita. As memórias das coisas obscurecem, como se fossem nuvens, a percepção daquilo que está diante dos olhos. O vício em sexo, álcool, comida e outros prazeres sensoriais nascem na memória que constantemente rumina sobre eles. A indulgência, o vício, os hábitos e os impulsos mecânicos são todos parte do mundo material.

Quando a mente e o coração renunciam à violência, à falsidade, à exigência, e à indulgência, o mundano e o material já não mais existem. Existe um estado de pureza e simplicidade no qual o não material, o não mundano, e o espiritual podem ser conhecidos. Os Cinco

Preceitos do Budismo, as instruções do *Yoga*, os Mandamentos cristãos e outros indicadores verdadeiros, antigos e modernos, para o caminho espiritual, todos apontam para a mesma coisa que é a renúncia.

A verdadeira renúncia não é um único ato dramático. É a limpeza diária dos pensamentos, dos motivos e das memórias que são do mundo – os pequenos desejos de dissimular, os impulsos grosseiros, os pequenos apegos, a rememoração e a lembrança dos prazeres, e assim por diante.

Renunciar a tudo é libertar-se do ego. É o apego, a memória, que cria a ilusão de que a pessoa é um ser separado com suas próprias metas a atingir. Quando a mente é limpa de seu conteúdo psicológico, não existe mais o sentimento de separatividade ou do ego. O conteúdo psicológico é composto de ambas as memórias, conscientes e inconscientes, as tendências que foram construídas por muitas experiências e um profundo instinto de autoproteção. O apego é o responsável por esse conteúdo. É a cerca erguida em redor de certas experiências as quais a pessoa chama de "eu". Se o nome "eu" não é dado a um determinado conjunto de experiências, não existe nenhum "eu" no sentido psicológico.

Assim, para encontrar o espiritual é preciso renunciar à autodiscriminação: eu sou americano, sou europeu, sou branco, sou pardo, sou cristão, sou hindu. Estas são distinções baseadas em raça, credo, sexo, casta e cor, as quais a Sociedade Teosófica busca remover. Ainda existem outras: eu sou rico, pobre, inteligente, esperto, um buscador da verdade. Mas cada nome que a pessoa dá a si mesma é a identificação de si mesma com o ego. Portanto, a *Bhagavad Gita*[3] ensina que quando um homem nem pensa, nem sente exteriormente ou de maneira subconsciente, "eu desfruto" ou "eu sou aquele que desfruta", "eu faço" ou "eu sou aquele que faz", ele é livre. A pessoa pode continuar agindo, mas a ação não é identificada e nomeada como o "eu". Então a mente está livre de tudo aquilo que a separa e a coloca à parte do resto da vida. A renúncia à experiência da autoidentificação é o início de uma nova vida: a vida espiritual.

Quando o apego às coisas materiais e as experiências for completamente eliminado, a

---

[3] Editora Teosófica, Brasília, 2010. (N. E.)

mente estará limpa como um espelho, sem poeira, para refletir a verdade. A verdade da vida está em toda parte. Ela é inerente na consciência que se manifesta através da vida e das coisas aparentemente inanimadas. A vida não deixa escapar a verdade quando a pessoa tenta impor, exigir, capturar e agarrar. A vida é a divindade e deve ser abordada com humildade e reverência. Então todos os seus mistérios serão revelados e a Verdade irá acolher o aspirante em seu abrigo.

* * *

Capítulo 2

Estágios na Senda

É importante compreender, não como um mero conceito, mas como um fato, que a Senda é a própria pessoa. Em *A Voz do Silêncio* afirma-se que a pessoa não pode trilhar a Senda a menos que se torne ela mesma a Senda. A Senda é a mudança de qualidade que ocorre na consciência da pessoa e nos veículos pelos quais a consciência funciona.

Afirma-se que a consciência, em sua forma absoluta, é sempre pura e nenhuma mudança pode, ou precisa ocorrer nela. Mas 'consciência' é um termo ambíguo. A palavra em sânscrito *chaitanya* é mais precisa e indica a consciência ilimitada, sempre pura, sempre livre, que nunca muda. A Filosofia Oriental refere-se a dois tipos de verdade: um é *pāramārthika satya*, a verdade absoluta; o outro é *vyāvahārika satya*, a verdade relativa. A consciência está restringida pelos veículos materiais por meio dos quais ela opera, ou seja, de modo prático, ela funciona de maneiras que não são naturais para ela mesma. Ela está incapacitada de expressar sua pureza e liberdade naturais até que estes veículos sejam transformados em instrumentos perfeitos, capazes de responder a cada uma das suas vibrações.

Os estudos teosóficos mostram que todos os corpos – físico, emocional e mental – têm sua própria consciência. Entretanto, cada partícula desses corpos, também possui sua consciência própria, visto que a vida, funcionando em todos os seus níveis e de uma maneira apropriada, se encontra em todo tipo de matéria. Também existe um agregado adicional que é a consciência do corpo físico-astral-mental, a qual é a 'personalidade' do homem.

A consciência do corpo é ativada pelos hábitos. O que é um hábito? Quando determinadas vibrações passam através da matéria e são repetidas vez após vez, tal substância é passível de cair no padrão daquelas vibrações, facilitando repetições posteriores. Por exemplo, a natureza por si mesma construiu no corpo físico o desejo de sobrevivência. Isto é um instinto, uma força forte que anima a consciência do corpo físico. A consciência do corpo, impelida por seu desejo de sobrevivência e existência separada, faz todo tipo de exigência. Ela vive de sensações, quer excitação, e assim por diante. A transformação ou mudança mencionada anteriormente reside em a consciência corporal render-se, abandonando seus próprios hábitos, vibrações, e modelos de funcionamento, e em ela tornar-se um instrumento. Como diz *Aos Pés do Mestre*, o corpo deve tornar-se como uma caneta na mão de um escritor – um instrumento refinado que responderá ao mais leve toque de *Ātma* – a consciência sempre pura, livre e sem restrições. Os corpos precisam parar de puxar em diferentes direções como estão acostumados a fazer. Este é o início da Senda. Não há nenhuma pessoa em quem a mudança não esteja acontecendo – lentamente, no decurso de longas eras, através de muitas encarnações – mas chega um momento no qual a pessoa finalmente compreende e diz, 'eu não esperarei mais pela mudança'. Ela assume o comando de si mesma quando sua percepção está clara o suficiente para que veja as contradições em sua vida, e que a consciência corporal a está arrastando em todas as direções menos naquela que ela quer seguir. Este é o começo do autoconhecimento.

Mesmo antes de entrar na Senda, deve haver certa dose de entendimento da vida. Se não houver nenhum discernimento acerca do que é válido e do que não é, e se a pessoa está correndo atrás de coisas inúteis, empenhada na busca por coisas que 'são para uma única vida', como diz *Aos Pés do Mestre*, ela não está pronta para a Senda.

A palavra 'Senda', contudo, dá uma imagem errada, como se a pessoa estivesse indo para algum lugar fora de si mesma; mas esta palavra significa uma mudança interior, nada além disso. Antes que essa mudança aconteça conscientemente, tem que haver não apenas algum discernimento, mas também um pouco de desapego, certa autorrestrição, sugerida pelos seis pontos de conduta da Vedanta[4], os quais têm paralelos em muitas outras tradições. Além do mais, tem de existir uma ânsia de mudar, um sentimento de que se precisa dar uma virada para melhor no curso da vida. O período mais difícil da vida de uma pessoa é este ponto de mudança. Anteriormente, enquanto ela avançava para o mundo exterior em busca de ganhar experiência e obter estímulo, não havia problema. O homem que anseia por coisas mundanas vai atrás delas.

Depois de adentrar a Senda propriamente dita, também não há problemas. A pessoa que definitivamente já 'entrou na corrente' sabe a direção em que está seguindo. O período em que os buscadores ainda não saíram do mundo e ainda não descobriram sua natureza espiritual é um estágio de dúvida e conflitos. As pessoas dizem que querem a iluminação, e ainda assim se agarram aos prazeres e apegos do mundo. *Luz no Caminho* afirma que mesmo que o homem comum pedisse perpetuamente, sua voz não seria ouvida. Também acrescenta,

---

[4] Domínio da mente, domínio da ação, tolerância, contentamento, unidirecionalidade, confiança. Conforme traduzido por Krishnamurti em *Aos Pés do Mestre,* Editora Teosófica. (N. E.)

'os que pedem, terão'. A dificuldade é 'que a mente só é ouvida naquele plano onde a mente opera'. Aqueles que desejam a iluminação da liberação não devem apenas pedir com a mente – ou seja, conceitualmente – eles têm que aprender a pedir em um nível mais profundo, sem querer a sabedoria junto com os prazeres e objetos do mundo. É preciso acontecer uma mudança radical de direção. Quando a direção se torna absolutamente clara, começa a Senda propriamente dita.

O primeiro dos estágios da Senda é chamado *srotāpatti,* no Budismo, ou 'o entrar na corrente', e o termo descreve exatamente o que é. Quando as coisas passageiras deixam de ter significado, exceto como uma espécie de 'esporte' (*līla*) da Realidade Infinita, quando já nasceu o sentido da verdade imortal e já existe um senso de direção definido, isto é, *srotāpatti.*

A Dra. Besant diz que o termo *parivrājaka*, 'aquele que vagueia', se refere ao mesmo estágio. À medida que o termo degenerou, as pessoas começaram a pôr vestimentas de *Samnyāsi* e vaguear mundo a fora com uma tigela de mendicante. Um *parivrājaka* é um *aniketa*, o que significa que ele não tem mais nenhuma casa no sentido mundano. A casa é um lugar de abrigo contra o resto do mundo, de onde a pessoa trava suas batalhas contra o mundo, tendo como aliados o marido, a esposa e os filhos. Então a casa representa um modo de vida egocêntrico e exclusivo. Mas ser um sem teto, um andarilho, significa que já terminaram os apegos e as fixações. A palavra *Samnyāsi* também foi mal interpretada, e aquilo que representa uma maravilhosa mudança interior foi reduzido a uma tradição trivial. O *Samnyāsi* rompe os seus laços sagrados, abandona as cerimônias e até o seu próprio nome, porque ele não tem mais apegos. O mundo é a sua família; a própria terra é a sua casa. Então, *srotâpatti* significa que as atitudes mundanas de *minha* casa, *minha* família, *minha* religião, *meu* país e *minha* nacionalidade chegaram todas ao fim.

Nós identificamos a nós mesmos como hindus, budistas, por classe, nacionalidade, condição mental e assim por diante. Desidentificar-se em um nível mais profundo significa ampliar e aprofundar a nossa solidariedade. Quando nós vemos um irmão ou amigo sofrendo, sentimos em nós mesmos aquele sofrimento; mas quando é um vizinho ou alguém não tão conhecido que sofre, nós sentimos? Geralmente não, porque estamos mais intimamente identificados com os amigos e irmãos. Quando vemos alguém afligido pela pobreza, nós realmente nos importamos com isso? Se a pessoa é um *srotāpatti*, um *parivrājaka*, um *aniketa*, ela se importa. Os apegos diminuem, e os conceitos falsos baseados no corpo são largados. A maioria dos nossos apegos é de apegos corporais. Um homem suspeita de outro devido a forças *kármicas*, o corpo do outro parece ser 'de outro planeta' nesta atual encarnação. Esta é a única razão.

Antes deste estágio ser atingido, diversos grilhões têm que ceder e cair. A personalidade precisa tornar-se harmoniosa, e se converter num servo dedicado, sem mais lutar contra a natureza interior.

Ambas, a dúvida e a certeza, são grilhões. Conforme mencionado anteriormente, enquanto se está fazendo a mudança da senda exterior para o caminho de casa, existe dúvida na maior parte do tempo. As pessoas que desejam trilhar a senda espiritual querem, ao mesmo tempo, aquilo que as outras querem. O homem que está livre da dúvida faz aquilo que ele sabe que é certo, não aquilo que os outros querem; isto não quer dizer, evidentemente, que não se deva ter consideração pelos outros. A dúvida termina quando a direção fica clara. A pessoa que já atingiu esse estágio sempre escolhe as coisas que a conduzem para o eterno, e não aquilo que é do momento passageiro.

Quando Jiddu Khrisnamurti fala sobre a falta de escolha, muita gente fica confusa. Mas para a pessoa que já se voltou para as alturas espirituais é muito simples entender que há apenas uma direção, não muitas, e, portanto, não há escolhas.

A palavra 'iniciação' é outra palavra mal interpretada e até degradada. Um guru põe o dedo na testa de uma pessoa e dizem que isso é uma iniciação. É, na verdade, superstição. A iniciação não é absolutamente um evento externo. Os fatores residem no íntimo; quando já houve uma preparação, ocorre uma transformação interna. A consciência passa por uma mudança dimensional, e isso não poderia ser provocado por outra pessoa da mesma maneira que não se pode ver por um cego. Sem os seis pontos de conduta, o desapego exigido e o abandono de pelo menos alguns dos apegos da personalidade, a iniciação não acontece. A palavra sânscrita para discípulo – *shishya* – denota alguém que é digno de ser ensinado. Um dos Mestres de Sabedoria escreveu que a maioria dos seus segredos são incomunicáveis. Se não fosse assim, seria possível transmitir a sabedoria publicando-se um livro e distribuindo-o para o mundo. Muito do que precisava ser dito sobre a vida espiritual já foi dito repetidas vezes, mas visto que as palavras são ineficazes, as pessoas ainda não se tornaram mais espiritualizadas. Os pensamentos de outra pessoa não promovem a mudança, até se pode fazer uso deles, mas o trabalho verdadeiro tem de ser feito somente pelo indivíduo.

A iniciação representa a entrada em um novo mundo e o início de uma vida em um nível diferente. Existem vários graus de consciência. Um cão, vendo um filósofo trabalhar em um livro, vê as ações físicas do seu dono: a mão se movimentando, o homem indo até a estante e virando páginas. O cão não sabe o que se passa na consciência do seu dono, porque a sua própria consciência não está no mesmo nível. A mudança de dimensão final para o ser humano é a liberação – a libertação que é a total abolição do ego. Na direção deste estágio, o egocentrismo e a autoimportância devem diminuir. Existem as chamadas experiências espirituais que levam as pessoas a enganar a si mesmas pensando que se tornaram iluminadas; se a pessoa fala de tais experiências, é porque tem alguma coisa errada, pois nenhum iluminado afirma ser iluminado. Uma genuína mudança interior é autoevidente no sentido de que existe menos senso de individualismo, um ampliado sentido de unidade e uma harmonia profunda. A única coisa contra a qual o buscador deve se resguardar, não importa a quantidade de experiência que ele tenha e o progresso que tenha atingido, é o egoísmo, porque é perigoso e pode fazê-lo tropeçar e cair.

É muito difícil descrever a mudança de dimensão acarretada por uma nova qualidade de consciência. Um holograma demonstra que uma parte representa o todo. Isso também é verdade com relação à vida. Em cada partícula de vida, o todo está presente em toda a sua inteireza, e é uma pequena porção disso que algumas pessoas experimentaram como um novo nível de percepção, uma 'expansão da consciência'. Expansões de consciência variam em grau e duração. O problema surge quando, depois de experimentar apenas um pouquinho, a pessoa começa a sentir-se muito especial, espiritual. Tais 'viagens do ego' destroem as possibilidades de progresso posterior.

Depois do estágio que no Budismo é chamado de *srotāpatti*, existe aquele que se chama *sakridāgāmāmin* ou *kutīchaka*, no qual o buscador já chega perto do fim das encarnações compulsórias. Neste estágio, se diz que existe uma visão mais ampla do sentido, da beleza e verdade da existência. Muito da manifestação é para nós incompreensível. Nós vemos o sofrimento e não o entendemos. Mas uma pessoa que alcança este estágio começa a perceber a beleza do seu significado.

O terceiro estágio é o de *anāgāmin* ou *hamsa*, aquele cujo *karma* foi esgotado completamente, e, portanto, não está sob a obrigação de retornar em um corpo físico. A compulsão do *karma* é a compulsão da sede da própria pessoa por experiências. Neste estágio morre o último resquício de desejo. *Luz no Caminho* descreve como a ambição pode assumir novas formas sutis e a ambição por coisas mundanas pode se transformar em ambição por coisas espirituais. Da mesma maneira, a ânsia por liberação pode ser uma forma de ambição. Mas quando o sentido de unidade está firmemente estabelecido, o que poderia haver para se ambicionar? A ambição e desejo morrem, até mesmo o desejo por coisas espirituais.

Dizem que há uma diferença entre a Consciência Búdica e a Consciência Nirvânica. A Consciência Búdica é um maravilhoso sentimento de unidade com tudo – com a grama, os animais, seres humanos, e até com aquilo que parecia muito desagradável ou doloroso. Existe unidade com a dor daqueles que sofrem e com a alegria daqueles que estão contentes. Mas na Consciência Nirvânica não existe qualquer vestígio do sentimento de que 'eu sou uno com o outro'. Existe uma unicidade indivisa, profunda e permanente.

O estágio seguinte é o de *Arhat* ou *Paramahansa*. Mesmo neste estágio, dizem que ainda há 'grilhões', mas estes são necessariamente bem sutis. Neste estágio, a pessoa já aprendeu tudo aquilo que a manifestação tinha a ensinar sobre a natureza da Realidade. Aqui a manifestação já não é mais uma arena de dor; ela se tornou uma grande canção. A semente da árvore *banyan* é minúscula e, olhando para ela, a pessoa não enxerga aquilo que existe lá dentro até o momento em que ela vê a árvore em si. A manifestação é assim. Em sua simplicidade original, a existência não pode ser conhecida em toda a sua glória, exceto por meio da manifestação. A manifestação tem algo glorioso e indescritível a revelar. É isso que dizem que o *Arhat* pode experimentar.

O *Arhat* é a corporificação e a essência da compaixão. Quando nós presenciamos sofrimento, nós ou sofremos junto com o sofredor ou somos indiferentes. Mas entender o significado do sofrimento, sentir compaixão, e ficar agitado, é diferente. Assim, os Budas e *Arhats*, ao mesmo tempo em que são imensamente compassivos, possuem 'a paz que transcende a toda a compreensão'.

Estes são estágios em que se diz que acontecem mudanças qualitativas na consciência. Cada mudança é um avanço em direção à universalidade, a um senso mais profundo de unidade, e a uma maior abnegação do ego. Sri Ramana declarou que não existe tal coisa como a autorrealização porque, quando a verdade é percebida, não existe mais um 'eu' para percebê-la. A ideia de progresso na Senda e de iniciação como uma forma de autopreservação está completamente equivocada. Como é dito em *A Voz no Silêncio*[5], de Helena Blavatsky: "tens de abandonar, o ser ao não ser, o eu ao não eu".

* * *

[5] Editora Teosófica, p. 96, Brasília, 2011. (N. E.)

Capítulo 3

A Senda da Sabedoria

A palavra 'filosofia' significa 'amor à sabedoria', mas ela é geralmente usada para indicar um sistema de pensamento. Os sistemas de pensamento surgem frequentemente a partir das indagações de alguém quanto à natureza do universo e da existência, e em alguns casos a partir do percebimento da Verdade. Assim, dizem que o tema fundamental da filosofia é Deus, o homem e o universo. De forma mais simples, é a existência, visto que Deus seria a base definitiva de tudo isso, e tanto o universo como o homem partilhariam a natureza daquela Existência Absoluta ou Seidade. Uma investigação da natureza da existência e dos processos do universo, seguida de uma reflexão profunda e meditação sobre estas questões, provocam *insights* ou conduzem ao percebimento. Mas aquilo que uma pessoa entende ou percebe, quando é comunicado aos outros, é muito prontamente convertido num sistema de conceitos. Deste modo, os sistemas são derivados daquilo que fora originalmente uma indagação ou uma compreensão originada daquela indagação. A abordagem realmente filosófica da vida não consiste em entender a dialética de qualquer sistema em seus detalhes ou em dominar os seus conceitos. O amor à sabedoria é uma investigação séria das profundidades da existência.

À palavra 'Teosofia' pode ser dado um significado menor. *Theosophia* significa 'Sabedoria Divina' – sabedoria dos Deuses, como diz H.P. Blavatsky[6]. É a 'Sabedoria Divina', esclarecendo todos os relacionamentos e conduzindo a pessoa ao próprio coração da existência. A Teosofia não é um novo código de conceitos

[6] *A Chave Para a Teosofia*, H.P. Blavatsky, Editora Teosófica, Brasília, p. 13, 2004. (N. E.)

relativos ao universo, ao homem ou à Verdade Última. A maioria das pessoas apenas se interessa por sua própria vida pessoal, mas aqueles que são verdadeiros estudantes de Teosofia estão vigorosa e constantemente empenhados em tentar entender o que a vida como um todo realmente significa.

A palavra sânscrita *anveshana*, normalmente traduzida por 'procura', também possui o significado de 'aproximação'. Uma 'procura pela verdade' poderia ser nada além de um desejo de autogratificação suprema, mas a investigação da natureza da existência deve ser necessariamente impessoal. De modo que o desejo de conhecer, nascido de motivos egoístas, não é nem filosofia, nem Teosofia, a qual é uma séria investigação das questões básicas da vida e não daquelas que são superficiais, periféricas ou não essenciais.

Ler ou saber aquilo que outras pessoas dizem, embora seja interessante e até bastante proveitoso, não é uma investigação. A investigação precisa acontecer no coração. Não se trata de uma estrutura de ideias, um jogo de encaixar peças em um quebra cabeças. A investigação que aproxima a pessoa da Verdade também proporciona a sabedoria para uma vida correta.

Um exemplo daquilo que significa 'os conceitos básicos da investigação' é fornecido pela questão da mudança. Toda a vida é impregnada de mudanças. Às vezes elas vêm rápidas, às vezes depressa. O ponto de virada, por assim dizer, pode variar, mas como vida é mudança, isso não é um assunto que os filósofos podem ignorar. Como tudo aparenta ser transitório, e talvez momentâneo, como dizem os budistas, muito pensamento foi gasto em diferentes épocas e culturas com a questão de saber se alguma coisa que existe é eterna ou indestrutível.

A História nos mostra que reinos desaparecem, dinastias somem, 'que o cetro e a coroa devem ser abalados'. Grandes monumentos erguidos para glorificar e imortalizar homens são 'pegadas nas areias do tempo'. Fortunas são feitas e perdidas. Príncipes podem nascer como mendigos. A mudança é a própria natureza das coisas.

As mudanças também ocorrem intimamente. As emoções e os pensamentos são inconstantes, mudam repentinamente. Juras de amor eterno são, na maioria dos casos, desmentidas pelos eventos. Uma flutuação contínua existe nas afeições, não menos do que nas opiniões. De fato, existe uma instabilidade muito maior nos níveis da psique do que nos níveis físicos. Portanto, uma pessoa ponderada pergunta: existe um substrato imutável na tela em que estas mudanças ocorrem? Suponhamos que estudássemos as respostas dadas por diferentes filósofos, nos tornaríamos verdadeiros filósofos? Certamente não. Existe genuíno amor à sabedoria apenas na pessoa que pondera por si mesma profundamente sobre estes e outros aspectos da existência. Tal reflexão, que é um movimento na direção da verdade, produz uma mudança de qualidade na consciência, nem sempre conscientemente, porém, mais frequentemente, de forma sutil.

As pessoas se sentem inseguras e desesperadamente ansiosas, por isso não entendem o significado da mudança e tentam evitá-la. A insegurança e a falta de capacidade psicológica para encarar a mudança geram a luta competitiva que faz do mundo um lugar perigoso em que se viver. Todos nós estamos empenhados na busca de uma segurança que não existe para nós mesmos e para aqueles a quem estamos ligados.

Existe então luta por segurança material e psicológica. Na tradição ocidental, o estado de liberdade é equiparado à total ausência do medo que é normal na vida da pessoa comum. Existe o medo da perda e, em paralelo com ele, o medo que vem de uma sensação de insegurança psicológica, o medo da solidão, da morte – medo de diversas formas. Quando existe medo, as reações às situações e às outras pessoas produzem conflitos.

A *Bhagavad Gita* refere-se mais de uma vez ao estado de indiferença tanto à honra quanto à desonra. O desejo por estima está arraigado na mente; é um refúgio contra o sentimento de insegurança. A pessoa se sente protegida pela estima dos outros e perturbada quando parece que perde tal estima. A *Gita* descreve o sábio como aquele que tem mente estável, inabalável (*sthitaprajna*). Ele nunca se perturba, nem se agita ou se incomoda com calúnias ou acusações. Ele permanece calmo em todas as circunstâncias. Só é possível permanecer imperturbável quando criticada ou adulada, se a pessoa não tiver o mínimo de medo ou de desejo de proteger a si mesma. Quando não existe medo algum ou sensação de insegurança, a pessoa não necessita de uma identidade rebuscada ou honrarias mundanas. Um verdadeiro estudante de filosofia ou de Teosofia deve ser capaz de, gradualmente, dispensar este tipo de estima, este pode ser um teste na Senda pelo qual muitas pessoas precisarão passar.

Um estudante de Teosofia – um filósofo, que ama a sabedoria – indaga sobre todos estes assuntos e traça a conexão entre os eventos externos e suas próprias ações e reações. Quando há críticas ou calúnia, ele pode ficar momentaneamente agitado, mas visto que acima de tudo ele quer aprender, irá estudar os fatos desapaixonadamente. Então existe uma compreensão verdadeira, e sua mente atinge um estágio que foi comparado às folhas do lótus nas quais os pingos de água não aderem. Sua mente tornou-se cada vez mais capaz de refletir a Verdade. Ambas as palavras 'filosofia' e 'Teosofia' implicam uma coisa grandiosa, mais profunda, e de um valor superior àquele que normalmente lhes atribuímos. É importante que os estudantes recapturem aquela energia encontrada quando sua Teosofia é uma coisa viva e não uma estrutura de conceitos mortos ou sistemas criados por outros.

Buscadores dedicados deveriam perguntar a si mesmos, não uma só vez, mais várias vezes: "O que é que eu realmente quero?" A ênfase logicamente não está no 'eu quero'. A pergunta deve nos ajudar a descobrir o que é que a nossa natureza interna procura.

Em cada homem existe alguma coisa profunda e interior que está tentando desabrochar e resplandecer em seu pleno esplendor. Se a pergunta for respondida em um nível superficial, tal desabrochar não receberá ajuda. É fácil demais dar aquelas respostas que já são esperadas. As pessoas, às vezes, dizem: "Eu quero servir à humanidade", isto é fácil demais de dizer e até mesmo de pensar; tanto a palavra quanto os pensamentos são superficiais. É uma resposta automática, a coisa certa a se dizer, que segue apropriadamente à pergunta, por causa de determinado condicionamento teosófico que a representa como algo desejável. Porque é aceitável acreditar que a Luz e a Verdade são mais importantes do que as coisas do mundo, a resposta aprovada escapa para frente de uma camada superior da mente. É fácil demais dar essas respostas rápidas e fáceis, mas uma resposta vinda de uma parte superficial de nós mesmos não é o suficiente. Nós precisamos, na realidade, deixar de lado as respostas que vêm da língua e da mente e buscar por outras vindas do coração. De um estado de quietude absoluta – que se manifesta quando ambos, os pensamentos e as palavras, são postos à parte – que resposta dá o coração à pergunta?

É possível por à parte todas as respostas externas e procurar profundamente dentro de si mesmo onde há um movimento em direção à verdade. A pergunta crucial é: em meio a todas as minhas atividades, onde estou centrado(a)? Qual é minha condição interna quando ajo, falo, ou penso? Existe afinal uma vida interna, ou é minha atividade iniciada e dirigida a partir da camada superficial do meu cérebro? Para se tornar consciente do ímpeto interno, para dar a si mesmo a verdade, é necessário fazer uma pausa em meio às atividades, não uma vez só, mas muitas vezes. Depois que cessa a atividade externa, a tagarelice do cérebro continua. A pessoa também precisa ir além dela para chegar até a natureza interna.

Aqueles que não estão afinados com as forças que auxiliam a marcha progressiva da humanidade não são capazes de fazer um trabalho de valor, embora possam ser infindavelmente ativos. Apenas aqueles que estão afinados saberão exatamente qual a coisa certa a fazer. A reta ação vem apenas através do reto sentimento, não somente do pensamento, pois não se resume à execução de uma tarefa específica – fazer uma palestra ou escrever um livro – mas tem relação com cada detalhe de nossa vida diária. Por exemplo, existe uma maneira correta de se falar com outra pessoa e também de se pensar a respeito dela. Realmente, existe uma maneira correta de lidar com cada evento que nos confronta na nossa vida diária. Como seríamos capazes de fazer isso sem o sentimento correto? O homem perfeito tem o grau supremo do sentimento correto, porque ele é uno com a vida; nele, não há ego pessoal. E é a partir deste estado de unidade que ele age. Mas a pessoa menos desenvolvida não é capaz de agir corretamente, porque ela está isolada em seu individualismo. É igualmente fácil tomar equivocadamente um sentimento de sentimentalismo, de emocionalismo, por uma resposta do coração. Mas isso não é o que se quer dizer com 'coração'. Por 'coração' deve-se entender *Buddhi*, ou a percepção mais elevada. Então, embora a resposta à pergunta "O que eu realmente quero?" possa parecer bastante simples, nós devemos buscá-la constantemente no coração. Quando a Luz, a Verdade, o Bem é encontrado no nosso íntimo, nossos relacionamentos e ações se transformam. Coisas que antigamente nos perturbavam deixam de ter importância e desaparecem do horizonte de nossa mente. Mesmo quando restam algumas fantasias, desejos e atrações – por trás deles ainda está a busca pela luz.

A fim de encontrar o centro interno, de chegar um pouco mais perto da Realidade, é necessário retirar-se das preocupações diárias. Quando caminhamos em um lugar quieto e arborizado onde podemos observar as árvores e os pássaros, e escutar o silêncio; quando nos encontramos longe do mundo e do seu tumulto, há uma sensação de paz de outra dimensão. O tempo também nos carrega e nos mostra a irrealidade e a relativa futilidade da maioria dos eventos. Nós podemos olhar para trás para aqueles pequenos incidentes que nos incomodaram em certo momento, os desentendimentos com outras pessoas, e perceber sua insignificância. Tal distanciamento de nós mesmos no tempo e no espaço é necessário a fim de alcançar o coração e o centro interno, para descobrir como agimos e o que realmente queremos fazer. Tal afastamento não é apático, nem indiferente, mas um distanciamento necessário; sem ele, não é possível enxergar nosso caminho ou agir corretamente. Se encararmos a vida com esse 'senso de distanciamento', poderemos enxergar bem mais do panorama total de nossa vida. Quando o quadro nos dá uma sensação de beleza, é porque se trata da visão integral, apenas um canto da figura não nos dá a visão completa. Logicamente, a visão completa se compõe de todas as suas partes; se as partes forem todas sem sentido, o todo também será sem sentido. Cada parte pequena é significativa apenas como uma parte do todo, isolada do todo não tem absolutamente qualquer significado. Porque na vida tudo é significativo apenas como parte da vida em sua inteireza, não por si só; é essencial enxergar as coisas em perspectiva, como parte do movimento da vida, mas se não formos capazes de nos distanciarmos, não poderemos fazer isso. Não poderemos enxergar o todo se dermos toda a nossa atenção a um evento isolado, se dermos importância a cada palavrinha que nos dizem, a cada acontecimento trivial. Quanto mais a mente se isola dos outros, tanto mais ela se sente importante, e muito mais insignificante ela se torna. Apenas quando o coração vê e conhece a si mesmo em relação com tudo o que existe, ele é capaz de agir corretamente.

A literatura teosófica insiste conosco para que estudemos o eu inferior à luz do Eu Superior. O que é essa 'luz do Superior'? Frequentemente uma parte do mental inferior olha para a outra e imagina que ela é o Eu Superior. Cada parte da mente é o eu inferior. Portanto, quando a mente olha para si mesma e tenta colocar-se da forma correta, nenhuma mudança pode jamais acontecer. A transformação só acontece quando existe uma observação do que está acontecendo por parte de um nível diferente – que é o nível de *Buddhi.* Isso é somente um nome, pois não sabemos exatamente o que é *Buddhi.* Porém, quando a mente está quieta e existe alguma coisa inominável observando, então nós já nos aproximamos do real entendimento.

Neste processo é importante não buscar por autossuficiência, porque é o desejo de autossuficiência que leva uma pessoa a agarrar-se ao conhecimento, ler livros e mais livros, acumular fatos, o que parece lhe conferir uma posição e uma sensação de segurança. Mas há de chegar a hora em que ela perceberá que, apesar de todo o seu conhecimento e informação, ela é exatamente o que é. Notando isso, ocorre a percepção da inadequação da mente, do conhecimento e dos modos de ação da própria pessoa. E então ela confessa: 'eu não sei', aprende a humildade, que é quando o coração começa a falar, porque a mente não encontra respostas.

Theosophia é sabedoria, não conhecimento. Mas na visão de perspectiva de um teósofo, ele também precisa se ocupar do conhecimento, porque o conhecimento conceitual tem certa importância na vida dos seres humanos. O conhecimento pode impedir que a pessoa entre em contato com a realidade, com a beleza e com o sentido da vida, se esse conhecimento for compartimentalizado, à parte, sem relação com os problemas do indivíduo bem como com os problemas da humanidade como um todo. Existe um grande número de pessoas por todo o mundo – físicos, engenheiros, e outros – que estão exclusivamente ocupados em adquirir conhecimento a fim de aprimorar armas letais com as quais muitos países estão equipados. Alguns desses cientistas são pessoas brilhantes, com intelectos aguçados, e ainda assim, suas vidas são gastas apenas em encontrar maneiras pelas quais os políticos possam destruir o meio ambiente e outras pessoas. Esta é uma espécie de conhecimento que não dá importância ao bem-estar e ao progresso da humanidade. Semelhantemente, na área religiosa, política e outras, as pessoas estão adquirindo conhecimento que não tem conexão com o bem-estar da humanidade. Ou se tem algum tipo de aplicação, elas não se incomodam com os efeitos de tal aplicação sobre as pessoas e sobre as outras formas de vida.

Também existe o conhecimento que altera a maneira como uma pessoa pensa, ou para melhor ou para pior. Nos países orientais, as pessoas têm um conhecimento teórico a respeito da reencarnação. Tem estado na base do seu modo de pensar por gerações. Porque sabem que existe uma vida depois desta vida em que estão se movendo e agindo, elas facilmente caem na inércia e na indiferença. A letargia e a negligência, que é uma característica de algumas delas, são, em parte, devidas a esta base conceitual. Esta pode ter sido a razão pela qual, embora em seus primeiros tempos a cristandade aceitasse a reencarnação, mais tarde eles decidiram deliberadamente não ensiná-la por causa deste seu efeito negativo sobre muitos.

Nos países onde existe o conceito de apenas uma única vida, na qual tudo tem de ser adquirido, o oposto é verdadeiro. As pessoas tentam desesperadamente fazer tudo naquela única vida, seja ganhar dinheiro ou usufruir prazeres. O modo de vida competitivo e hiperopressivo é um sintoma deste mundo moderno que se originou desta ideia. Então existem desvantagens em ambos os pontos de vista. Por um lado o materialismo, a competição, a agressão, o desejo de galgar o topo, ser bem-sucedido, e por outro lado, apatia, indiferença, pouca disposição para se mexer, falar sobre as coisas, mas não fazer nada a seu respeito. Estes dois diferentes modos de vida surgem de dois diferentes conjuntos de conceitos. Os conceitos, portanto, são importantes; nós não podemos nos absolver da ideia da necessidade de aprender a pensar corretamente, para podermos enxergar o universo corretamente. Mas devemos ter sempre em mente que nossos conceitos podem estar equivocados, que de qualquer maneira todos os conceitos são bastante limitados, e que aquilo que nós entendemos no nível do pensamento não é a percepção da verdade, porque conceito e pensamento podem estar completamente divorciados da vida e dos relacionamentos. Portanto, nem deveríamos nos satisfazer apenas com o pensamento, nem rejeitar o pensamento correto.

Todos sabemos que sabedoria é diferente de conhecimento e de processos de pensamento. O pensamento pode influenciar o que faríamos em determinada circunstância, mas a sabedoria provoca uma transformação radical em toda a nossa vida. Ela nos conduz a um nível profundo onde não há mudança. E se começarmos a agir a partir daquele nível profundo, tudo estará certo. Assim, em certo sentido, a ação correta não tem nada a ver com as circunstâncias. Quando calculamos os prós e os contras, e pesamos as possíveis consequências, a atitude que tomamos pode ser certa ou errada. A ação inequívoca surge apenas das profundezas do Ser onde a Verdade pode ser encontrada.

Nós tentamos entender o homem e o universo através dos nossos estudos, investigações e discussões com mente aberta, não nos apegando com muita certeza ao nosso conhecimento, sempre percebendo nossas limitações. Porém, é sumamente mais importante viver corretamente, e dessa maneira trazer ao mundo algo que não pode ser trazido por nenhum tipo de ensinamento verbal, ou pela mera difusão de conceitos. Se cada um de nós for um estudante da sabedoria, que todo dia está tentando transformar sua vida por meio de uma compreensão mais ampliada, nossas palavras terão em si o brilho da sabedoria.

* * *

Capítulo 4

A Única Senda a Seguir

Tornar-se membro da Sociedade Teosófica só se torna significativo se a pessoa tiver a coragem de viver de um modo diferente, não de acordo com as normas aceitáveis, pois muitas das normas aceitáveis são imorais e antiéticas. Era uma norma aceitável na Índia desprezar as pessoas de uma casta inferior. Também em outros países, as pessoas são avaliadas com base no seu nascimento, riqueza, e assim por diante. Mas um membro da Sociedade Teosófica precisa deixar de pensar nos outros em termos de nação, casta, raça, posição social, ou riqueza e encarar cada ser humano como um ser humano.

Poderia um membro pôr de lado todos os julgamentos de valor baseados em condições exteriores? As condições exteriores são acidentais. Nós nascemos na Índia, China, Rússia ou EUA porque temos determinados méritos para isso. Então, poderíamos pôr de lado todo o pensamento de sermos indianos ou qualquer coisa desse tipo e sermos universais, internacionais? Poderíamos pôr de lado ideias de cor e circunstâncias sociais?

Libertar a mente de tudo isso é realmente *samnyāsa*. Quando alguém se torna um *samnyāsi*, ele rejeita simbolicamente seu nome original e até a ideia de rotular a si mesmo; ele não tem mais família, posição, casta ou lar. Para ele o mundo inteiro precisa se tornar sua casa, toda a humanidade sua família, e a Terra inteira a sua herança. Similarmente, um membro de nossa Sociedade precisa ter uma mente ampla e universal. A fim de obter isso, ele deve pôr de lado a insignificante possessividade relacionada à sua nação, à sua família, a seus amigos íntimos, às pessoas de quem gosta ou não gosta. Portanto, ser teósofo é um grande compromisso.

A maioria das pessoas, conforme dissemos, avalia os outros de acordo com circunstâncias exteriores. Curvando-se diante dos ricos e poderosos e tratando com pouca consideração àqueles que não são importantes. Em alguns países os empregados domésticos são tratados com muito pouca consideração. As mulheres são subordinadas e obrigadas a obedecer. Tais atitudes já deveriam ter desaparecido naqueles que aderem à Sociedade. Mas depois de aderir, precisa haver uma mudança mais definida.

Uma pessoa espiritualizada não prejulga. A *Bhagavad Gita* diz que *samatva* é *Yoga*. *Samatva* significa encarar a todos com um olhar de igualdade. Conforme dissemos, não existe nenhum mérito especial no nascimento de uma pessoa, ou sua cor; nem há mérito especial nas características interiores de alguém. Eu posso ser uma pessoa com habilidades para fazer uma coisa, ou outra, enquanto alguém pode não ser tão capacitado. Então eu imagino que seja superior. As pessoas muito instruídas podem ser um pouco distraídas e desastradas em um nível puramente corriqueiro. Mas será que as pessoas mais práticas seriam melhores do que elas? Elas poderiam ser bem menos ponderadas. Da mesma forma, um homem olha para alguém e diz: "Que espécie de pessoa é essa? Ele é um tolo orgulhoso; ele deveria ser diferente". Enquanto pensa tudo isso ele está inconsciente de seus próprios defeitos – ser estúpido, indiferente aos outros, ou enfadonho. Será sua estupidez ou insensibilidade melhor do que o orgulho do primeiro homem? Pode ser que não; mas nós ainda fazemos todas estas distinções e avaliações. Eu posso não conhecer minha própria estupidez, e mesmo que eu o faça, eu acho que não sou tão ruim quanto os outros, e que a outra pessoa é bem pior porque é orgulhosa. Se eu sou invejoso, eu acredito que tenho uma boa razão para ser invejoso, mas o outro não tem razão nenhuma para ser orgulhoso e não deveria ser.

Na escala de avaliação desenvolvida por cada homem, ele mesmo está no topo. Jiddu Krishnamurti diz que nós precisamos aprender a não comparar. Da comparação vem a noção de desigualdade: 'ele possui mais, por que é que eu não possuo?' Então eu sou miserável; ele é arrogante, mas eu não tenho arrogância, portanto eu sou melhor do que ele. Este é um mal comum do qual todos nós sofremos. Mas um verdadeiro teósofo não faz julgamentos. A *Bíblia*, que ensina 'não julgueis, para que não sejais julgados', está dizendo a mesma coisa que a *Bhagavad Gita*, que declara que o *Yoga* significa olhar para todos com olhos de igualdade.

Em cada um de nós existe uma semente da divindade, mas o homem que pensa que tal semente já brotou e floresceu em si mais do que nos outros está iludido. Sua própria sensação de superioridade demonstra que a semente ainda não brotou. Existe um ditado que diz que o mais sábio também é o mais humilde. O homem que imagina que sabe mais, não sabe; aquele que se acha superior não é superior. Mas aquele que consegue ver o elemento divino, o potencial a ser desenvolvido nos outros, é um verdadeiro teósofo.

Para ser um teosófo de verdade, nós precisamos viver inteligentemente, olhar a nós mesmos objetivamente, ver como os nossos pensamentos operam e de que maneira eles contradizem os princípios fundamentais da Teosofia. Que o princípio da fraternidade implica em aprender a reconhecer a natureza imortal em cada pessoa e dar-se conta de que isso é mais importante do que as aparências exteriores.

Nós nem sempre queremos enxergar aquilo que está diante dos nossos olhos. Mas é essencial vermos as coisas como realmente são; não aquilo que os outros nos dizem, não o que está apenas na superfície. Os vedantinos afirmam que não importa que forma a argila possa assumir, ela ainda é argila. Se reconhecermos a essência de um objeto, nós o reconheceremos melhor do que se meramente apreciarmos sua aparência exterior. Se não formos capazes de ver a natureza imortal dentro das outras pessoas, isso é uma evidência da nossa própria cegueira e falta de desenvolvimento. Apenas aquele que 'vê os outros com olhos de igualdade' está crescendo em espiritualidade.

Existem organizações que usam sinais secretos e palavras por meio dos quais seus membros se reconhecem mutuamente. Mas isso é apenas simbólico. O segredo de todos os segredos está profundamente oculto em cada pessoa, embebido em cada forma de vida e na chamada matéria, e o conhecimento dele revela a verdade que nada na matéria é completamente desprovido de vida. Quanto mais examinamos o interior, mais claro se torna que aquilo que aparenta ser inorgânico ou inanimado está pleno de vitalidade, divindade e beleza, com a qual todo o universo está permeado. É nossa própria insensibilidade que faz com que estes fatos nos sejam impenetráveis.

O que consideramos matéria depende inteiramente de nós mesmos. Para a maioria das pessoas uma rocha é matéria, mas aos olhos de uma pessoa espiritualizada não é. Na Índia antiga, foi dado o ensino de que tudo é *Shiva*. *Shiva* significa aquele poder eternamente benéfico no qual todas as coisas existem, no qual 'todos vivemos, nos movemos e temos a nossa existência'. Não existe nada fora de *Shiva*. Esta é a verdade. Mas nós não vemos *Shiva* numa pedra ou numa rocha, por isso destruímos a Terra. Existem muitas pessoas que não enxergam a divindade nos animais. Por isso os tratam como 'matéria', arrancando suas peles, perfurando seus corpos, e fazendo experimentos hediondos com eles para descobrir quanta dor eles seriam capazes de suportar. Por que as pessoas fazem isso? Porque para elas, eles não são seres vivos como elas, mas somente matéria. Assim, quando olham para um boi num campo, elas não enxergam um boi, mas enxergam um bife. E existem outros que fizeram com seres humanos o que fazem com os animais. Nos campos de concentração, eles viviscecaram homens e mulheres e chamavam outros seres humanos como eles de 'troncos de madeira'.

A ideia de cada pessoa sobre a matéria, então, depende da sua percepção ou do seu embotamento espiritual. Madame Blavatsky proclamou uma verdade básica quando ela disse que não existe matéria, apenas consciência. Que a consciência é uma coisa divina, magnífica e esplendorosa.

Portanto, o segredo de todos os segredos a ser descoberto é nossa própria natureza oculta. Quando isso se torna conhecido, um 'novo nome' se ouve ressoar pela criação. Pois todas as coisas têm um nome verdadeiro que proclama sua singularidade, sua divindade, e imortalidade. Ser capaz de ouvir aquele nome e enxergar a divindade é o segredo que todo teósofo procura. 'Não há outra senda a seguir', dizem os *Upanishads*.

* * *

Capítulo **5**

Pureza de Ações

O bem conhecido *Viveka-Chudamani – A Joia Suprema da Sabedoria*[7] declara que: 'o *karma* é para a purificação da mente'. A palavra *karma* tem diversos significados. Frequentemente significa trabalho cerimonial. A Escola Mimasaka, na Índia, gastava muito energia realizando cerimônias e explicando-as. As outras Escolas Vedantinas, por outro lado, rejeitavam a importância dada às cerimônias, declarando que a cerimônia por si mesma não

[7] Editora Teosófica, Brasília, 1992. (N. E.)

tem valor algum. Nada se consegue, quer nos mundos visíveis, quer nos mundos invisíveis, meramente realizando ações e repetindo palavras prescritas. As cerimônias têm valor apenas quando promovem a purificação da mente.

Karma também significa ação. Portanto, as palavras de Shankaracharya indicam que o propósito da ação é provocar um estado de pureza interior. A ação, aqui, não é mera atividade física. A *Bhagavad Gita* diz que nem por um instante é possível para uma pessoa permanecer inerte neste mundo da manifestação. Os pensamentos e os sentimentos da pessoa, seus motivos conscientes ou subconscientes, bem como sua atividade física, constituem ação. Entendido neste sentido, o principal objetivo de nossa vida, neste mundo físico, é aprendermos a ser puros, o que significa aprender a viver no mundo e ainda assim não ser atraído por ele ou estar apegado a ele.

A palavra *karma* normalmente se refere ao ciclo de forças reguladas pela lei de causa e efeito. Esta lei dá oportunidade ao indivíduo de aprender a pureza. Nada existe que a lei provoque – nenhuma condição, ou evento, ou contato com outra pessoa ou objeto inanimado – que deixe de proporcionar uma ocasião que nos ajude a nos tornarmos mais puros; quer façamos ou não uso das forças que ordenam estes eventos, vai depender de nós mesmos. A eletricidade está em toda a parte, mas há pessoas que decidem não fazer uso dela. De modo análogo, o movimento evolucionário e dinâmico que opera de acordo com a lei infalível está em operação em toda a parte e, por isso, em toda parte existe energia para purificarmos o coração. O *Karma* existe para provocar a purificação da mente; todas as ações existem para gerar um estado de sabedoria o qual é o despertar da consciência. A mente não consegue despertar para um estado de compreensão a não ser que esteja pura, porque a sabedoria e a pureza são dois lados de uma mesma moeda. Uma mente impura não pode ser espiritualmente despertada, porque estar autocentrado gera ilusão.

A indiferença é uma condição comum da mente. Muitas pessoas não cometem atos prejudiciais abertamente, mas também não fazem qualquer ato de bondade. O Buda ensinou que a pessoa não deveria apenas 'cessar de fazer o mal', mas também 'aprender a fazer o bem'. Cessar de fazer o mal poderia se constituir apenas em uma inofensividade autogratificante a qual não é de forma alguma uma ausência de egoísmo, mas poderia ser presunçoso autocontentamento que ignora o restante da vida. Quando o ego quer proteger a si mesmo, sentir-se seguro, existe indiferença, e inércia, que é a natureza de *Tamas* agindo como uma tela que obstrui a percepção da verdade. Então, quer se expresse abertamente ou se retraia para dentro de sua concha protetora, o autocentrado ainda permanece sob as sombras da ilusão. Portanto, enquanto houver o menor resquício do ego – o eu separado – não pode haver sabedoria. Toda ação, todo pensamento, sentimento e atitude de vontade tem a possibilidade de conduzir à ilusão ou provocar um estado de pureza e compreensão[8].

As pessoas perguntam que *sādhana* ou prática poderia melhor conduzir ao progresso espiritual. Tal pergunta implica na existência de fragmentação na vida da pessoa que a propõe. Claramente, ela imagina algum meio de realização espiritual como um tipo especial de prática separado de todas as outras ações da vida. Isso não significa que a pessoa não deva dedicar alguns momentos do seu dia à contemplação silenciosa,

---

[8] A Vontade é uma manifestação de *Ātma*. Entretanto, quando a mente é impura, essa manifestação – ao invés de se apresentar com sabedoria – pode gerar muitos problemas, na forma de uma pessoa voluntariosa ou mesmo tirânica. (N.E.)

porém, é mais importante que a pessoa viva de uma forma pura e que todas as suas ações façam parte de um modo de vida sem compartimentalização. O estado de sabedoria (consequentemente, de liberação) não é, contudo, o resultado das ações. As ações podem, de fato, provocar um estado de pureza, mas nenhuma espécie de ação em particular é a causa da liberação, visto que a liberação não está dentro da esfera de causa e efeito.

Um peregrino caminha por uma determinada senda a fim de chegar até a montanha sagrada, mas a montanha não é resultado da senda. A montanha simplesmente *é* – e ponto final. Os olhos devem estar abertos a fim de enxergarem a luz, mas a luz não é resultado de se abrir os olhos. Similarmente, o estado de *prajnā*, ou iluminação, não é o resultado de nada, pois não está absolutamente na esfera dos resultados. Somente uma pessoa que se eleva acima da dimensão de causa e efeito, na qual opera a lei do *Karma*, alcança o Nirvana.

Em um determinado nível, é verdade dizer que as boas ações produzem bons resultados, e é legítimo se falar de um relacionamento bom ou ruim, harmônico ou não. Mas na dimensão onde existe a percepção da unidade, não há relacionamentos nem bons, nem ruins, porque não existe absolutamente qualquer relacionamento da maneira como o termo geralmente é entendido. O relacionamento existe apenas onde há distinção. 'Você é diferente de mim', então eu posso converter o meu relacionamento com você – que até agora tem sido uma questão de bom ou ruim – num relacionamento afetivo. Então, em vez de um mau relacionamento eu tenho um bom relacionamento, mas ainda tenho um relacionamento com você, porque você é diferente de mim. Se não existe diferença, se não há um 'você' e um 'eu' – se existe apenas um Uno – então onde estaria o relacionamento? Em um estado de absoluta unidade, a singularidade do ser, os opostos não existem e não há relacionamento algum. Enquanto a pessoa está neste mundo de relatividade, os bons relacionamentos são melhores que os relacionamentos ruins. Mas aquilo que vale para esta dimensão não vale para o estado que é chamado de Nirvana. Nada que se faça nesta dimensão pode ser a causa do que acontece naquela dimensão, porque esta última não pertence à esfera de causa e efeito. Consequentemente, não se pode afirmar que o Nirvana seja o resultado da purificação da mente ou de uma ação que conduza a um estado de mente desperta. Mas quando existe a purificação, a infelicidade e a dor desaparecem e um estado de graça *existe;* nós não precisamos provocá-lo, ele é parte de nossa própria existência.

Alguns budistas afirmam que a própria natureza do pensamento é *duhkha* ou sofrimento. Uma escritura budista propõe a seguinte questão: 'O Nirvana é um estado de graça. Mas não existe sensação no Nirvana. Apenas a pessoa que transcende o usufruto da sensação pode atingir o Nirvana. Então, se não existe sensação nenhuma, como pode haver graça?' A resposta é que a sensação é em si mesma *duhkha.* O pensamento cria o sentimento de separatividade, que é impureza ou ilusão. O pensamento do 'eu' não pode ser separado da mente humana

Algumas vezes alguém pergunta, 'o que acontece ao iluminado depois da morte do corpo?' É impossível dizer o que acontece, porque ele não está mais dentro da esfera da dualidade, do bem e do mal, da causa e do efeito. Nosso conceito da vida de um Mestre ou de um iluminado estará equivocado se pensarmos que é semelhante à nossa, pois ele vive numa dimensão da qual nada podemos saber. É tolice imaginar que as nossas ideias limitadas corresponderiam à realidade dos Mestres. Poderia ser de ajuda meditar na natureza dos Mestres, em sua sabedoria e compaixão, mas jamais deveríamos cair no erro de imaginar que esses conceitos mentais corresponderiam à verdade sobre eles, porque a verdade pertence a uma esfera totalmente diferente.

Uma vez foi comentado que a real individualidade de um iluminado não pode ser concebida como uma qualidade; ela é como se fosse uma porção do ser universal. Isto sugere que o ser liberto pertence à esfera das coisas inefáveis e por isso a pessoa não pode perguntar o que 'acontece' depois da liberação, porque ele transcende a dualidade que nós conhecemos, ambos como o bem e o mal. Pode-se perguntar, 'se não existe um eu, se o pensamento do eu é uma irrealidade, então, o que ou quem experimenta o Nirvana?' A pergunta deve ser formulada de modo diferente: 'O que cria o eu? O eu surge da sensação de separatividade e é uma criação do pensador, do pensamento, não é diferente daquele que o origina. Então, se o pensador cria o sentimento do eu, a liberação não pode ser provocada pelo pensamento. Visto que ainda não nos libertamos da ilusão gerada pelo pensamento, não podemos perguntar que parte do ser experimentaria a verdade da realidade. A pessoa não pode, de modo algum, pensar no ser espiritual nesses termos.

Se compreendermos que o estado de sabedoria não é o resultado de nossas ações porque ele não existe no campo dos resultados, nós nunca poderemos buscá-lo como um resultado. Se nos dermos conta de que a pureza interior só pode acontecer através de cada um de nossos atos – não importa quais sejam esses atos – assim, a cada momento de nossas vidas existe a ação que não busca por resultados. Se a ação acontece sem ter em vista os resultados, isso já é em si um estado de pureza. Se entendermos isso, vamos empreender o tipo correto de ações. Se empreendermos as ações corretas, isso vai gerar a condição interna que pode nos dar um *insight* da verdade. Portanto, a visão prática deste assunto não é diferente da famosa metafísica, pois uma visão metafísica da vida é sempre uma visão prática. Somente quando nos permitimos ser iludidos por uma metafísica, como uma atividade separada da vida, é que ela se torna meramente especulativa.

Um homem sem perspicácia, que está completamente mergulhado nas coisas ditas 'práticas', não possui nenhuma compreensão de qualquer coisa mais elevada e por isso permanece essencialmente materialista. O homem que se deixa levar por teoria é um pouco melhor. Os princípios da Teosofia são eminentemente práticos: nós devemos descobri-los por nós mesmos e aprender com eles a maneira de dirigirmos nossas vidas e como viver corretamente. A Teosofia pode ser para alguns puramente de interesse acadêmico (e neste caso sem valor) ou pode inspirar-nos a promover um estado de pureza interna mais rapidamente.

A fim de que possa beneficiar o mundo, a Teosofia deve ser tanto prática quanto espiritual; ela precisa ser uma filosofia que transforma cada atividade da vida, cada área das nossas vidas. Ela deve nos capacitar a causar um impacto no mundo. Como membros da Sociedade Teosófica, nossos estudos e nossos esforços não deveriam ser puramente para a nossa própria satisfação, mas para que, por meio deles, nós possamos promover alguma coisa realmente boa para o nosso próximo.

* * *

Capítulo 6

Mestres e Gurus

A literatura teosófica fala do desenvolvimento da consciência através da evolução das formas e dos organismos. Quando a forma é primitiva, desorganizada e sua resposta aos estímulos do ambiente é imprecisa, a consciência não é capaz de se manifestar plenamente por meio dela. À medida que a forma evolui, aumenta a sua capacidade de resposta. Existe maior sensibilidade nos órgãos dos sentidos, no sistema nervoso e no cérebro. Assim, uma organização mais aprimorada da forma habilita a consciência a revelar-se mais plenamente.

Os seres humanos, como são atualmente, não atingiram ainda a meta da evolução. Os escritos teosóficos declaram que ainda resta um desenvolvimento posterior pela frente para o os seres humanos. Verdade, sabedoria, amor, alegria, paz e bondade são inerentes à consciência. Nos *Upanishads*[9], Brahman é descrito como a consciência absoluta universal, perfeita em paz, beleza e as outras virtudes mencionadas acima. No Homem/Mulher Liberado(a) ou Mestre, tais virtudes que são da própria natureza da consciência, floresceram até a perfeição, ao passo que sua consciência se desenvolveu plenamente à medida da perfeição, revelando os poderes latentes no homem comum. Portanto, ele é perfeito em sabedoria, compaixão, amor, e pureza sem egoísmo. A pureza representa a total ausência do sentido de separatividade. O amor perfeito implica em não fazer distinção, em não se dar amor em troca de alguma coisa.

Dizem que quando uma pessoa alcança a perfeição, ela não está mais sob a compulsão de reencarnar, pois ela já transcendeu o *Kar-*

---

[9] *O Chamado dos Upanixades*. Ed. Teosófica, Brasília, 2003. (N. E.)

ma. O apego e o egoísmo – que são a mesma coisa – arrastam a pessoa para um novo nascimento. Em função de existir o desejo por experiências, por estímulos externos, o homem comum se vê capturado pela roda dos renascimentos. Dessa forma, naquele que é puro e livre de apego, por não haver mais nele um eu, não há mais esta necessidade. Por compaixão, entretanto, ele pode permanecer em contato com o mundo humano. Nós podemos dizer, 'por que não encontramos os Mestres?' 'Se os convidássemos para uma reunião, eles compareceriam?' O fato é que eles não agem de acordo com nossas ideias ou da maneira como nós imaginamos. Apenas quando existem pessoas que estão preparadas, os Sábios Seres lhes dão oportunidade de contato, orientação e ensino.

A palavra 'guru', como muitas outras, pode significar coisas diferentes para pessoas diferentes. Dizem que se aplica a alguém capaz de dispersar as trevas. Mas as pessoas frequentemente pensam em um guru como alguém que transmite conhecimento. O conhecimento do mundo – ou conhecimento inferior – pode ser transmitido por outrem, mas não o conhecimento espiritual. Nenhuma experiência subjetiva, experiência interna pode ser tomada por empréstimo de outra pessoa. O *Viveka-Chudamani* deixa claro que a pessoa não pode arranjar um substituto que realize as ações capazes de produzir *bodha* ou o despertar em si mesmo. O despertar tem de acontecer em cada indivíduo como um resultado de sua própria preparação e trabalho. Mas muito frequentemente as pessoas imaginam que elas não têm de fazer nada, só precisam ligar-se a um Guru, tocar seus pés ou sentar em sua frente e então ele vai assumir a responsabilidade. Essa filosofia é bem conveniente, pois permite que a pessoa continue vivendo sua vida no mundo de ambição, busca por dinheiro, desejo por poder e assim por diante.

Em função de tantas pessoas se agradarem desta maneira de despertar, existem muitas outras prontas e dispostas a assumir o papel complementar. Então existem impostores que se autoproclamam Gurus, que darão uma sensação de segurança àqueles que os procuram. 'Dirija os seus pensamentos para mim', diz o pretenso Guru, 'e você estará protegido de todos os problemas. Se quiserem se entregar aos prazeres – não interessa que tipo de prazeres – sigam em frente e divirtam-se, mas girem as contas do rosário com minha imagem e vistam o uniforme que eu prescrevi para vocês'. O verdadeiro Guru, por outro lado, é o genuíno dissipador das trevas na mente e na consciência da pessoa; ele não oferecerá diversões ou removerá o seu senso de responsabilidade por seus próprios atos. Uma das 'Três Verdades' da Teosofia é que 'Cada homem é seu único e absoluto legislador, produzindo para si glória ou trevas; é o decretador de sua vida, da sua recompensa e da sua punição'.

Os sábios deixaram claras as condições que precisam ser satisfeitas a fim de que se possa receber instrução, ajuda e orientação. Em *As Cartas do Mahatmas para A. P. Sinnett*, nós somos informados que somente o desenvolvimento espiritual de uma pessoa pode trazê-la para perto dos Mestres – pode 'forçar' sua atenção – e que a sabedoria vem apenas para aquele que se dedica à 'conquista diária do eu'[10]. Ele precisa se aproximar dos Mestres incondicionalmente,

[10] Editora Teosófica, Brasília, 2001. (N. E.)

livre de considerações e prudências do mundo. Mas nós não queremos ir incondicionalmente. Nós queremos manter nosso conforto, nossos prazeres e ambições, e, ao mesmo tempo, alcançar o mundo dos Santos Seres.

Um sábio, de acordo com a Teosofia, jamais impõe sua vontade sobre o seu discípulo. Ele não lhe diz no que tem que acreditar, porque a crença não tem nenhum significado. Ele quer que a consciência do discípulo desperte para a verdade, o que é bastante diferente. Existem milhares de pessoas que acreditam que Jesus e Buda ensinavam o amor. Mas eles mesmos não amam. Na realidade, a crença provoca rigidez e fanatismo e produz dano, não o bem. As Cartas dos Mahatmas alertam para o fato de que a religião é muitas vezes usada como uma muleta; mas as pessoas precisam é aprender a serem autoconfiantes e livres.

Um dos maiores Mestres, o Senhor Buda, disse: ' Sê uma luz para ti mesmo'. Ele ensinou: não transformem em autoridade nem a tradição, nem as escrituras, nem outras pessoas, nem tu mesmo; descubra por si mesmo o que é a verdade. A importância do questionamento (*vichāra*) é enfatizada também na Vedanta.

Em *Aos Pés do Mestre*[11], está escrito que a pessoa deve escutar cuidadosamente aquilo que diz o Mestre, pois ' Ele não fala duas vezes'. O palestrante pode repetir suas ideias, pois ele quer que a sua assistência concorde com ele e pense de acordo consigo. Um anúncio publicitário é repetido vez após vez para condicionar a mente do leitor. Mas um verdadeiro Instrutor não tenta impor suas ideias; ele não deseja conformismo ou obediência cega. Ele dá uma dica, uma sugestão a fim de ajudar a mente da pessoa a se desenvolver. Se um estudante já aprendeu a pensar por si mesmo, se escutou cuidadosamente, ele descobre sozinho qual é a implicação de uma declaração. Se alguém lhe diz o que pensar e, no que acreditar, ele não atinge as profundezas do ensinamento. O Guru comum dirige as ações das pessoas, o que pensar, que roupa usar.

Existem Gurus que gostam de receber adoração pessoal, gostam que lhes lavem os pés, gostam de ser servidos. Existem até aqueles que alegam ser maiores que o próprio Senhor Buda. Por outro lado, as cartas dos Mestres

[11] Editora Teosófica, Brasília, 8ª ed., 2010. (N. E.)

refletem a humildade e o anonimato em que eles preferem permanecer. Instrutores reais não se entregam à autopromoção ou à autoglorificação, porque não há neles um 'eu'. Portanto, há uma diferença entre aqueles que são geralmente considerados Gurus e os Mestres, conforme eles são descritos na literatura teosófica. Adoração pessoal, autoglorificação, dizer aos outros o que devem fazer, torná-los dependentes, ensinar-lhes credos, impor sobre eles suas ideias, recolher deles dinheiro e enriquecer, ter piscinas e jatos particulares – tudo isso é aceito pelos gurus dos tempos modernos, mas é inteiramente incompatível com ser um verdadeiro Instrutor espiritual ou Mestre.

Um verdadeiro instrutor não considera a si mesmo um instrutor. O instrutor não vê diferença entre ele mesmo e os outros; ele não faz distinção entre o aprendiz e o instrutor. Um Guru não é capaz de fazer outra pessoa enxergar aquilo que os seus próprios olhos são incapazes de ver; nenhum Guru de verdade fingirá fazê-lo ou irá desejá-lo. Mas um sábio pode ser de ajuda se a pessoa é receptiva. Dizem que quando os deuses querem punir um homem, eles atendem suas preces. Os desejos da maioria das pessoas são tolos. Uma pessoa pode querer que o Guru faça alguma coisa para ela, mas isso pode nem ser para o seu benefício espiritual. Os problemas nos sobrevêm e nós geralmente gostaríamos de nos livrar deles. Mas tudo que vem como resultado do *Karma* traz consigo uma lição. Por isso, Annie Besant disse, analisando seu próprio passado, que enquanto ela facilmente dispensaria as coisas agradáveis, ela não desejava abrir mão de nenhuma das dificuldades que tivera, porque aprendera muito de tais dificuldades. Um homem espiritual possivelmente não dará à pessoa a espécie de ajuda que ela talvez deseje receber. Sua maneira de ajudar pode ser de um ponto de vista completamente diferente.

Jiddu Krishnamurti apontou para algo muito importante quando nos perguntou o porquê de nós pensarmos que *apenas* o guru pode nos ajudar. Tudo na vida pode nos ajudar – as pessoas à nossa volta, uma folha que cai de uma árvore, a beleza que está por toda parte – tudo pode nos ajudar, se nós formos sensíveis e receptivos. A nossa receptividade precisa ser igual ao desejo do Guru de nos ajudar. A física de Einstein não pode ser compreendida por alguém que ignora completamente a matemática. Até mesmo o maior dos músicos não pode ensinar uma pessoa que é preguiçosa demais para aprender. A pessoa que desce até as profundezas daquilo que o instrutor ensina (o que absolutamente não pode ser comunicado verbalmente) precisa ser receptivo. E é impossível ser insensível à vida em geral, e receptivo apenas ao Guru. Ou uma pessoa tem receptividade, ou não tem. Vez após vez aqueles que não são receptivos têm abusado do instrutor espiritual; eles não escutam as suas palavras; rejeitam-no porque não o reconhecem.

Quantos de nós seríamos capazes de reconhecer uma pessoa verdadeiramente santa se ela aparecesse em nosso meio sem um crachá? Os rótulos podem ser falsos. Para se reconhecer um homem santo, deve haver dentro de nós algo que vibra em harmonia com ele; deve haver capacidade de resposta. Se faltar isso, como podemos tirar proveito de um instrutor? Um Guru não pode ajudar uma pessoa que não está pronta para ser ajudada, e é apenas quando o discípulo está pronto que o mestre aparece.

* * *

Capítulo **7**

A libertação do Sofrimento

O Senhor Buda falou da percepção correta como o primeiro passo no Caminho Óctuplo. Ser capaz de ver as coisas como elas são, não através de algum tipo de lentes coloridas, é um dos problemas, talvez o mais importante, que nós enfrentamos. O Buda também disse que a primeira verdade que se deve perceber é a verdade do sofrimento.

Primeiro, a pessoa questiona o porquê de o sofrimento ser uma verdade. Nós sabemos que existe sofrimento por toda a parte, mas perceber o sofrimento da forma que Ele indicou não é fácil. Existe uma tremenda miséria no mundo: milhões de pessoas estão morrendo de fome, milhões perdem suas vidas, suas casas, membros dos seus corpos nas guerras em que tomam parte. Tensões, conflitos e ódio existem em toda parte do mundo: raça contra raça, nação contra nação, religião contra religião e assim por diante. Tudo isso é sofrimento. Quando lemos sobre isso nos jornais, nós podemos dizer: 'Que pena! Coisas horrendas estão acontecendo no mundo'. Mas nós não sabemos realmente o que é o sofrimento. Nós não o vemos com todo o nosso ser, porque nós só lhe damos um pensamento momentâneo e então deixamos tal pensamento de lado. Estando a milhares de quilômetros de nós, não ligamos realmente se essas pessoas estão na miséria absoluta em algum lugar. Nossa vida diária prossegue como de costume, nós usufruímos de nossos pequenos prazeres, temos nossas preocupações, nossos problemas particulares, e isso é tudo.

Deixando de lado a tremenda miséria e o sofrimento que existe no mundo, dos quais nós sabemos superficialmente com uma parte de nossas mentes, há muito em nossas vidas e nas vidas das outras pessoas em nosso redor, que é da natureza do sofrimento, embora nós não nos apercebamos disso. Há inúmeras ansiedades, irritações, frustrações e os desejos que levam a decepções, os quais nós não chamamos de sofrimento. Mas se considerarmos a vida que levamos como um todo, ela não constitui aquela espécie de felicidade que pode ser chamada de verdadeira felicidade.

Os Budistas *Mahayana* dizem que a iluminação só vem quando existe uma profunda compaixão, um profundo sentimento pela miséria e sofrimento que existem no mundo. A iluminação não existe quando nós a queremos e dizemos: 'eu vou conseguir atingir um objetivo na vida espiritual'. O motivo para se encontrar a iluminação deve ser uma solidariedade altruísta para com todo aquele que sofre. Há um lindo provérbio que diz que a compaixão é a mãe de todos os Budas. Um Buda vem a existir quando ele vê o quanto as pessoas sofrem e quando ele sente uma grande ânsia de encontrar uma saída desse sofrimento. Então, ser capaz de perceber a futilidade, a miséria, a falta de sentido, e o sofrimento da vida é o primeiro passo.

Se sentirmos aquela profunda preocupação com o sofrimento que existe no mundo, vamos querer saber a saída. A maioria de nós continua a levar uma vida comum e medíocre, porque não há nada que nos inquiete profundamente. Não sentimos a urgência de fazer acontecer uma mudança. Ver essa necessidade é o primeiro passo. Quando a vemos, então nós vamos naturalmente tentar achar a resposta.

O Senhor Buda deu Sua resposta de modo muito simples. Ele disse que a causa do sofrimento é o desejo, a avidez que existe de diversas formas em cada um de nós. Quando imaginamos que derrotamos em nós uma forma dessa avidez, ela ressurge de outra forma.

Essa avidez não é apenas por objetos. Alguns podem não ter, digamos, avidez por dinheiro; talvez a pessoa não queira ser parte da alta sociedade, ou se cobrir de joias. Mas temos avidez por outras coisas como progresso espiritual. Nós temos ideias preconcebidas sobre relacionamentos com outras pessoas. Se eu imagino um relacionamento com você no qual você gosta bastante de mim, há em mim uma avidez pelo tipo de relacionamento que eu imaginei. Quando isso não acontece da forma que eu imaginei, eu me sinto infeliz. A avidez também assume a forma de dominação, agressividade, autopromoção de várias maneiras as quais, se formos objetivos, podemos enxergar em nós mesmos. Também há o desejo de fugir de alguma coisa, e o desejo de impor ideias sobre outras pessoas.

O desejo ou avidez existe porque não temos um sentido dos verdadeiros valores; nós tomamos as coisas de pouco valor por aquelas que são mais valiosas, aquilo que é irreal por aquilo que é real. Então, ver as coisas na sua verdadeira natureza é extremamente importante. A vida espiritual consiste em saber o que é essencial e o que não é essencial.

É obvio que tudo aquilo que tem uma existência condicionada, e depende de outra coisa para existir, possui menos valor do que aquilo que é incondicionado. Vamos tomar como exemplo o tipo de felicidade que a maioria de nós desfruta. Nós podemos nos considerar razoavelmente felizes, mas nossa felicidade depende de condições externas e de outros indivíduos. Se nós nos comportarmos de uma determinada maneira, seremos felizes. Se nos comportarmos de modo diferente, nos tornamos imediatamente infelizes. Se você me fizer de boba, por exemplo, isso me deixa infeliz. Minha felicidade depende de você aceitar uma imagem que eu criei de mim não sendo boba, mas ao contrário como sendo alguém bem especial. Se possuímos muitas coisas que nos dão uma sensação de segurança, nós somos felizes, de outro modo não. Todo tipo de felicidade como essa que depende de uma determinada condição ou de outra pessoa obviamente não é verdadeira felicidade. Mas nós estamos o tempo todo tentando nos agarrar a essas coisas que são dependentes.

Tudo aquilo que é condicionado e dependente é de natureza transitória, porque condição alguma no mundo permanece exatamente a mesma. Quando a condição muda, acaba-se a felicidade. Isso é um fato 'óbvio', mas óbvio apenas numa camada superficial de nossas mentes, não para a inteireza do nosso ser. Um exemplo disso é que 'sabemos' que a existência do corpo físico depende de muitas condições. Nós 'sabemos' que a vida do corpo físico irá terminar quando as condições forem alteradas. E mesmo assim, se a vida desaparece de um determinado corpo, nós ficamos muito infelizes apesar de 'sabermos' e da filosofia que pregamos.

Nós estamos continuamente nos agarrando ao impermanente: o impermanente sob a forma de ideias, de apegos, sob a forma de sistemas e organizações, sob um grande número de formas diferentes. Um dos *Upanishads* diz que o Eterno nunca pode ser encontrado quando nos agarramos a coisas perecíveis. Mas é isso o que procuramos fazer. Estamos o tempo todo preocupados com coisas que vão desaparecer.

Quando não estamos apegados a certas coisas, isso não significa que não exista avidez. Fugir das coisas não é ausência de avidez; sentir-se repelido por alguma coisa indica que existe apego. Podemos querer certa coisa, mas depois, nos decepcionamos, e então a repelimos.

Se estivermos repelindo algo ou aderindo-lhe, nós temos de tentar enxergar a natureza real da coisa, para ver se vale a pena buscá-la. Devemos tentar distinguir entre o real e o irreal. Isso exige uma percepção extremamente clara e inteligente. Uma mente que normalmente não é clara nem lógica não é capaz de se tornar de repente perceptiva em relação a assuntos espirituais. Portanto, nós deveríamos sempre ser lógicos e claros o máximo que pudermos em nosso pensamento.

É importante para qualquer um que queira entender a vida espiritual que não faça concessões a si mesmo. Nós muito frequentemente encaramos melhor as coisas quando não estamos preocupados com nossos próprios interesses, mas quando algo nos toca, não conseguimos de modo algum enxergar aquilo objetivamente. Quando nos sentimos atraídos por alguma coisa, é possível surgir um sentimento de culpa, mas isso também deixa as coisas difíceis de perceber. A atração não é em si mesma 'errada', obviamente. Em certo sentido, não há nada 'errado' no mundo.

Ver a beleza é uma forma de atração, mas se desejarmos novamente a beleza, então somos apanhados na teia do desejo. Onde quer que exista o prazer, nós vamos querer repetir aquele prazer. Devemos perceber que nesse caso não é o objeto que interessa, mas é nossa mente que está criando um padrão. É a mente que formula imagens de prazeres que uma vez foram experimentados, e então o desejo é renovado. Se precisa haver libertação da avidez, então a libertação tem de vir através da renúncia na mente, não necessariamente do objeto. A pessoa pode estar rodeada de inúmeros objetos e assim não se sentir tocada por eles; pode se encontrar rodeada de coisas ilusórias, evanescentes e ainda correr atrás delas. Também pode renunciar exteriormente a tudo e por dentro estar cheia de avidez, o que faz dela um hipócrita, como diz a *Bhagavad Gita.* A atração por certas coisas e a repulsa por outras também se torna um hábito, um processo mecânico. Para se libertar de tudo isso, exige-se um esforço contínuo e uma inteligência aguçada e extraordinária.

Em longo prazo, o processo evolucionário ensina uma pessoa a cessar os desejos. Vez após vez o prazer é buscado e a dor surge. Nos estágios iniciais, ela atribui a causa do sofrimento aos outros e às circunstâncias externas. Mas, num momento posterior em sua evolução, ela desperta para o fato de que a causa das suas dores está no seu próprio modo de ver as coisas e nas suas ações.

Nós somos capazes de aprender por esforços continuados e conscientes e não necessitamos sofrer para aprender. Esta é a diferença entre a pessoa que já pôs o seu pé na Senda e a pessoa do mundo. A primeira começa a tentar achar a verdade por si mesma e não deixa que o mero processo evolutivo a ensine. Cada um de nós pode fazer este esforço para ver as coisas como elas realmente são, para saber o que realmente é real.

Nós temos de voltar nossos olhos para o Eterno. Pode parecer muito difícil ver todo o sofrimento do mundo sob a perspectiva do Eterno, mas ver o sofrimento, a angústia, analisar suas razões, nos conduz à Senda que é o caminho para o Eterno.

* * *

Capítulo 8

O Caminho para o Real

Ao aspirar viver a vida espiritual, cada um de nós tem de aprender por si mesmo em que consiste a realidade, se ela é alguma coisa remota a ser alcançada eras à frente, desconectada do mundo à nossa volta. Existe um caminho para a realidade fora de nossa própria natureza e do nosso próprio ser?

Nós estamos familiarizados com a expressão proverbial escrita:

Asato mā sad gamaya 'Conduz-me do irreal para o Real'

Mas o que significa a palavra 'Real'? Volumes são escritos sobre o assunto e inúmeras especulações feitas acerca do que é a Realidade. Nós poderíamos discutir o assunto interminavelmente. Contudo, discussões e livros, especulações e teorizações, não nos levam nem um pouco mais perto do Real. É apenas aquilo que cada indivíduo pode descobrir e conhecer por si mesmo que importa. Uma abordagem direta e não teórica é necessária para conhecer a verdade sobre o assunto.

Na nossa vida diária, a maioria de nós sente certa contradição. Por um lado, tudo o que conhecemos parece ser real: o mundo em nossa volta e os seus fenômenos, as árvores, as pessoas e outros objetos, os vários incidentes que acontecem; também aquilo que chamamos de nós mesmos, nossos corpos, pensamentos e emoções. Tudo isso parece completamente concreto e real. Mas, por outro lado, qualquer um que seja ponderado e sensível já deve ter tido a sensação de que existe algo mais além desta realidade concreta que nos mantém cativos a maior parte do tempo. Estes dois sentimentos existem lado a lado – uma contradição atribuída ao fato de que existem graus de realidade e de que as coisas podem compartilhar ao mesmo tempo ambas, a natureza da realidade e a da irrealidade. Em relação a um grau de realidade, o outro parece não ser tão real, e nós sempre buscaremos pela realidade maior.

Tudo aquilo de que estamos conscientes, o que percebemos com os nossos sentidos, sentimos ou pensamos, tem em si um elemento de realidade. Se essas coisas não possuíssem realidade alguma, então teríamos de dizer que elas não existiriam para nós. Na filosofia indiana, existem exemplos de irrealidade total, como o filho de uma mulher estéril, que é uma impossibilidade. Mas o mundo das nossas percepções não é irreal nesse sentido; não apenas aquilo que percebemos, mas até o que imaginamos é, em certo sentido, uma realidade. Um sonho é uma realidade, porque não pertence à categoria das impossibilidades. É real enquanto dura. Mas quando aquele que sonha desperta para a realidade do estado de vigília, então o sonho parece irreal. Um objeto visto a distância pode aparentar ser uma fagulha e não o que ele é na realidade. Esse objeto pode ser um animal, mas visto de muito longe, o observador o vê como um cisco, e aquilo que ele vê é a realidade para ele naquele momento. Todavia, nenhuma dessas coisas é completamente real, elas são reais apenas de um determinado ponto de vista; mais tarde elas são contestadas, como a realidade do sonho é contestada pela realidade da consciência de vigília, e a imagem percebida de um objeto distante é contestada pela sua própria forma real quando vista de perto.

Muitos dos nossos valores – não somente aquilo que vemos – também são reais apenas sob determinado aspecto. Nós mesmos podemos verificar isso. (Vale repetir que nós temos de começar por investigar a natureza da realidade que reside no campo das nossas experiências cotidianas, e não nos perdermos em uma metafísica complexa como aquela que está presente nos livros). Se nós examinarmos os nossos valores, poderemos ver que são da mesma natureza dos objetos vistos a distância ou dos sonhos, isto é, eles são reais até o momento em que a realidade os desmente. Por exemplo, quando nós nos apegamos a certos prazeres, enquanto estamos lutando pelos valores que se chamam de riqueza, estas coisas parecem extremamente reais, então nada mais importa naquele momento. Mas quando alguma coisa desagradável acontece, uma calamidade ocorre, estas coisas parecem irreais.

Não é uma experiência incomum o fato de certos acontecimentos nos darem a impressão de uma irrealidade. Isso é uma indicação da existência de alguma espécie de contradição, há incerteza quanto ao que é o real. Uma reflexão acerca do que se passa no mundo, os fenômenos e os eventos, conduz à percepção da presença desta contradição por toda parte. Aquilo que parece ser verdade, em uma época ou para alguns de nós, é desmentido por outra verdade ou percepção. Aquilo que é verdadeiro para nossas percepções sensoriais é desmentido pela verdade da ciência e assim por diante. A maior contradição que podemos perceber é logicamente aquela entre o que nós realmente somos interiormente e o que é sobreposto àquela realidade na qual nós consideramos o "outro".

Nossa experiência ou contradição sugere algo que seja livre de contradições. Cada irrealidade, cada realidade inferior, que significa uma realidade temporária, poderia dar a indicação de uma realidade grandiosa, se apenas contemplássemos os objetos e os eventos à nossa volta e nos déssemos conta da contradição. Plotino, o grande místico grego, afirmou:

> "Não suponha que o homem torna-se bom por desprezar o mundo e todas as belezas que há nele. Aqueles que desprezam aquilo que muito está aparentado com o mundo espiritual provam que nada sabem do mundo espiritual exceto por nome".

O mesmo é verdadeiro a respeito de nós. Beleza e riqueza estão também dentro de nós. A Realidade é a nossa própria natureza, recoberta por realidades inferiores, as quais desaparecerão como irrealidades à luz de uma Realidade maior.

Dizem que o verdadeiro ser em cada indivíduo está sempre irradiando esta Realidade, que por enquanto está apenas eclipsada. Então, para aqueles cujos olhos estão abertos, cada fenômeno pode revelar a Realidade sem contradições, a qual não é o oposto de contradição, mas está para além de todas as contradições. Aquilo que transcende a toda diversidade é absoluto em seu valor, um ser integral; Plotino o chama de 'O Uno', e ele diz que essa visão é difícil de descrever.

> Pois de que forma se pode descrever como uma coisa separada de si mesmo, aquilo que uma vez visto, pareceu ser uno com quem o viu?

> Não é possível vê-Lo ou estar em harmonia com Ele, enquanto se está ocupado com alguma outra coisa. A alma precisa remover-se para fora de si mesma, o bem e o mal, e tudo o quanto existe, para que possa receber somente o Uno, assim como o Uno é singular. Quando a alma é deste modo abençoada e está pronta para vir até Ele, ou melhor, quando ele manifesta a sua presença, quando a alma se afasta de todas as coisas visíveis... E torna-se como o Uno... E vendo o Uno de repente aparecendo em si própria, pois não há nada entre eles, e eles não são mais dois, mas um, porque não se pode mais fazer distinção entre eles enquanto dura a visão. (...) Quando está neste estado, a alma não trocaria sua presente condição por nada, não, nem mesmo pelo Céu dos Céus.

Também os *Upanishads* bem como muitas outras escrituras mencionam esta Realidade Una. 'Aquilo que o olho não alcança, nem a fala, nem a mente. Não pode ser descrito em palavras'. Mas outra vez, a Realidade não pode ser descartada como alguma coisa indescritível e remota. O que significa quando eles dizem que nem a fala nem a mente podem tocá-la? Podemos ver em nossa vida diária que aquilo que vivenciamos mais profundamente é o que menos conseguimos expressar em palavras. Se alguém, por um momento, está pleno de um sentimento de beleza, da glória da natureza, ele não consegue expressar isso aos outros em palavras. Todos sabem disso. Se alguém, por um momento, experimenta um sentimento de profundo amor em seu coração, isso não pode ser passado para os outros em palavras, e o mesmo vale para qualquer outro sentimento profundo. Alguns podem ter experimentado algum tipo de aflição, uma aflição de coração que seja profundamente sentida; quanto mais profunda for tal aflição, tanto menos possível é falar dela aos outros. De fato, neste caso nem existe o desejo de falar deste sentimento diante dos outros.

Assim, a realidade que é experimentada nas profundezas de cada ser ou pela plenitude do ser, não apenas por uma parte, seguramente não pode ser descrita. Há uma profunda verdade naquilo que dizem os jainas, que aquilo que pode ser pensado ou descrito não é a totalidade; a totalidade nunca pode ser capturada pelas palavras. A Realidade nunca pode se tornar um objeto do pensamento, ser mantida como uma imagem ou conceito, porque se encontra além da dualidade que está implícita quando existe um objeto do pensamento diferente do sujeito. A Realidade é uma plenitude que tem que ser conhecida pela plenitude do ser, não por meio de uma faculdade ou aspecto da própria pessoa. Portanto, se não pode ser descrita ou pensada, a única maneira de conhecê-la é diretamente, em primeira mão. Não há nenhuma outra maneira.

Entretanto, mais uma vez, o que queremos dizer quando falamos em conhecer alguma coisa em primeira mão, diretamente, imediatamente? Dificilmente existiria uma pessoa que não tenha tido uma experiência direta, por exemplo, sentindo uma dor no corpo ou uma alegria. Em tais casos, não é necessário que venha alguém e diga 'você está sentindo uma dor no corpo'. Por outro lado, ele pode te dizer que você não está sentindo isso; mas nada que ele diga pode fazer diferença para o seu conhecimento da dor, porque você sabe direta e plenamente, por si só, que realmente está sentindo dor. Tal conhecimento jamais pode ser contradito por aquilo que outra pessoa diga. Isso é conhecimento direto em um nível particular. Semelhante é o conhecimento imediato, não controvertido, que é a percepção da Realidade. Nenhum outro tipo de conhecimento pode ser descrito como conhecimento da Realidade, exceto tal experiência imediata que vale por si mesma e a respeito da qual ninguém precisa dizer coisa alguma.

Para se conhecer diretamente a Realidade, é necessário tornar-se pessoalmente alerta para as contradições dentro de si mesmo. Se aprendemos a ver as contradições naquilo que nos parece agora ser real, a irrealidade da diversidade com que nos confrontamos, a qual representa a imperfeição do conhecimento que nós agora temos, isso gradualmente nos leva ao conhecimento de realidades maiores e finalmente à realidade definitiva. Perceber diretamente a irrealidade de algo, que é apenas parcialmente uma realidade, é fazer progresso. Ao passo que, ao perceber a diversidade e a tomarmos pela realidade total, ficamos estagnados numa poça de ilusão. O *Kathopanishad* afirma: ' Da morte para a morte segue aquele que aqui percebe apenas diversidade'. Reencarnações sucessivas são uma necessidade para aquele que está morto para o real.

Nós estamos prontos, contudo, para dizer: 'Oh sim, nós sabemos que a Vida é Una, sabemos que existe uma unidade e não uma diversidade. Nós cremos na Fraternidade'. Não é desse tipo de saber que estamos falando. Acordos verbais superficiais ou conhecimento teórico das coisas não fazem diferença radical em nossas vidas, como pode ser comprovado pela experiência. Todos dizem que a Vida é Una, mas a ideia, embora repetida continuamente, não altera a trama das nossas vidas. Somente quando o sentido destas declarações está espelhado nas próprias experiências da pessoa, é que tem início a compreensão verdadeira. É a real contradição de nossa declaração verbal da unidade que temos de perceber em primeiro lugar. Isto é o que *neti* quer dizer: 'não é isto'. Esta não é uma mera forma a ser repetida porque foi dita há mil anos. Tem de ser experimentada na vida da pessoa.

Não basta apenas ouvir uma verdade que parece razoável e meramente ecoá-la. A verdade tem de ser complementada. Plotino disse, como foi citado anteriormente, que enquanto a pessoa estiver ocupada com outras coisas, ela não pode conhecer o Uno. Estar ocupado com diversos objetos deste mundo é muito diferente de contemplar a diversidade e entender a verdade a seu respeito. O ensinamento hindu é que a escuta de uma verdade (*śravana*) precisa ser seguida de reflexão (*manana*) e profunda contemplação da mesma (*nididhyāsana*).

Cada percepção da verdade, embora seja uma percepção parcial, precisa ser testada por meio da observação e da experiência, ou de outro modo ela pode se provar ilusória, ou vazia, visto ser baseada em premissas falsas. É apenas se procedermos assim de forma prática em nossa vida diária, dia após dia, com uma visão que penetre através da irrealidade dos fenômenos, que o verdadeiro desapego começa a existir. Discernimento e ausência de desejos consistem não apenas da percepção exata dos fatos, mas também da apreensão correta de valores. Isso é essencial ao crescimento espiritual. Entendimento direto deste tipo é a senda ou caminho. Não existe nenhuma viagem a um destino longe demais, mas a compreensão imediata por meio da qual uma mudança espontânea ocorre na natureza da pessoa ou começa a surgir. A senda não é nada além de uma percepção aprofundada de valores verdadeiros.

É frequentemente por meio dela que a Doutrina Secreta – quer em sua versão moderna, quer revelada nos termos da *gupta-vydia* dos antigos – a essência da Teosofia, pode ser aprendida por palestras e reuniões de estudo. Estas coisas, sem dúvida, têm o seu valor, mas não foi sem razão que aquele conhecimento que se refere à Realidade Última está aberto apenas àqueles que estiverem internamente preparados, cuja natureza e caráter estejam mudando, o que significa que estão praticando a cada dia o discernimento entre o real e o irreal, e ganhando através disto libertação do apego aos valores inferiores.

Aqueles que estão prontos para a sabedoria espiritual são os que descobriram por si mesmos o que é relativamente irreal e puseram de lado estas coisas em resultado de sua nova percepção, não porque lhes foi dito para se absterem de certas coisas. À medida que existe uma crescente percepção da realidade, há cada vez menos compulsão de conduta e menos esforço para ser virtuoso. As ações corretas e as relações emanam espontaneamente do estado de consciência que se tornou receptivo à realidade. Neste estágio, dizem, as virtudes não são praticadas como meios para um fim, mas pela existência de um estado de ser que é virtude.

Não há nada melhor, nada mais bem dito do que isso... Todas as coisas que outrora davam satisfação à alma: poder, riqueza, beleza, ciência, ela declara que despreza. Ela não teme mal algum enquanto está com o Uno, ou mesmo O vê. Embora tudo o mais pereça ao seu redor, ela está contente, apenas se puder estar com Ele; tão feliz está ela.

* * *

Capítulo 9

Em Direção a uma Nova Perspectiva

'O mundo é demais para nós'. Ele cerca o indivíduo com problemas e exigências da vida diária, com mudanças inesperadas e mesmo desagradáveis. Suas dificuldades começam na primeira infância, possivelmente porque seus pais são pouco compassivos, ou porque não sabem como ajudá-lo. Mais tarde, os problemas se multiplicam – na escola e na faculdade, durante a vida de casado e as pressões adicionais da prática profissional e da administração de suas propriedades. A vida acumula inúmeras responsabilidades – demandas de uma situação específica, as pessoas com quem se envolve, os familiares e os colegas de profissão. Cada circunstância empurra a pessoa para atitudes involuntárias.

As pessoas podem ter a impressão de que elas têm certa medida de escolha em relação ao casamento, aos amigos que fazem ou aos interesses que cultivam. Mas a 'escolha' é frequentemente bem ilusória. O casamento pode aparentar ser o resultado de livre escolha, mas, na realidade, as circunstâncias põem o indivíduo em contato com um número bem limitado de pessoas, e suas pressões internas, vindo a efeito naquele contexto específico e círculo, criam um 'escolha' para ele que na verdade não é escolha nenhuma. Ele mais ou menos 'cai nos braços' de uma situação; se ele for suficientemente inteligente, ele aproveitará ao máximo a oportunidade.

Desde a tenra infância, condições externas moldam o indivíduo em padrão e lhe fornecem valores os quais ele assimila inconscientemente. Eles são a fonte de impulsos secretos que resultam em ações. No Oriente, as pessoas falam sobre as 'correntes do *karma*'. O *Karma* não é uma lei abstrusa que opera no universo ou um processo abstrato. Ele se manifesta na vida do homem que está sujeito ao seu ambiente e às condições ao seu redor. Ele é compelido a ações involuntárias e buscas porque, desde seus primeiros anos, ele absorve como uma esponja as ideias e os valores que prevalecem ao seu redor. Estes valores são de diversos tipos, e o indivíduo frequentemente não tem consciência de suas implicações. Ele pode alterá-los um pouco, mas, apesar disso, ele aceita o condicionamento. Seus empreendimentos, que aparentam ser escolhidos livremente, nascem do solo daquelas noções que ele havia apreendido.

Aquilo que as pessoas chamam de 'o mundo' compreende muitas coisas. Existem as atrações pelo sucesso, pelo dinheiro, por poder e por prazeres. São como luzes brilhantes vistas a distância, e a vida de uma pessoa geralmente se resume em sua caminhada na direção dessas luzes. Mas elas são como fogo fátuos, têm apenas uma existência aparente. Elas correspondem aos empreendimentos da mente do indivíduo que se baseiam em noções, ideias e valores inconscientes ou parcialmente conscientes. O desejo projeta os objetos desejados e nós imaginamos que eles têm uma existência real. Visto que muitas pessoas os veem, eles adquirem uma realidade ilusória, mas é apenas o desejo que os transforma em objetos.

Uma mulher, em si mesma, não é um objeto de desejo; ela é o que é. Mas o desejo de outro indivíduo a transforma em tal objeto. Aquilo que é atraente para um homem pode não ser atraente para outro. Não há objeto algum, nenhuma atração por si, porque a natureza de uma coisa como ela é faz com que ela se posicione de forma independente. Isto foi indicado por uma bem conhecida passagem dos *Upanishads* que declara que a esposa não é querida porque ela é uma esposa, nem o marido porque é um marido; cada qual é o que é de forma não relacionada, mas o desejo projeta cada um como um objeto para si. A partir daí surge uma busca, e por trás de cada busca existe uma noção de valor que pode ser religiosa, política ou pessoal. A noção de valor pessoal é um pensamento que cada homem tem sobre si mesmo, e dela surgem as muitas atrações que ele vê 'lá fora' e que transformam o mundo naquilo que ele é para o referido homem.

O indivíduo assume posturas em relação às pessoas, às coisas, às ideias; existem pensamentos que surgem nele; existem as alianças que ele forma; existem os antagonismos que ele sofre. Toda essa complexidade de gostos e desgostos, esperanças e medos, nascem em sua consciência do solo dos valores que ele assimilou. Portanto, cada homem constrói seu caminho na vida, na maior parte do tempo inconsciente do que está acontecendo dentro dele mesmo, sem perceber o que está buscando ou por que esta buscando isso, imaginando que o mundo contém objetos que ele tem de buscar, e desse modo projetando uma imagem que não corresponde à realidade. Assim, para cada pessoa há um mundo mirabolante que surge das fontes escondidas dentro dela mesma e que ela toma pelo mundo como ele é.

A essência do mundanismo reside na ignorância (*avidyā*) do que acontece dentro de cada ser, na ignorância de que o mundo é construído pela mente das pessoas, e de que ele não tem existência própria. O mundanismo surge de não se saber que aquilo que é projetado pela mente não corresponde à realidade. Se a pessoa não fosse cega, não seria mundana. O homem que vê – o homem de inteligência – percebe que aquilo que está escondido dentro dele mesmo o predispõe a uma variedade de ações, atitudes, posturas, alianças, e rejeições, todas elas vistas como ações livres, mas de fato não sendo livres. A ignorância do que está acontecendo dentro de si não é apenas falta de inteligência, mas também de liberdade, porque ela permite que o 'mundo' empurre o indivíduo para padrões de pensamento, modos de agir, sulcos mentais e rotinas.

Embora em um sentido o mundo para muitos de nós esteja presente demais, em outro sentido, muitos de nós o ignoramos totalmente. Nós não estamos no mundo porque não estamos conscientes e não nos importamos com o que acontece no mundo. Existe uma pobreza generalizada, alarmante, e tirania na maior parte do mundo, oprimindo os seres humanos e fazendo-os obedecer por medo, destruindo sua dignidade, privando-os da possibilidade de despertar aquilo que é profundo e sutil na consciência humana. O mundo livre é na verdade uma área muito restrita. Existe uma crueldade inimaginável perpetrada contra os animais e contra outros seres humanos. A tortura é aceita como parte da política estatal por quase todo país do mundo. Ao passo que aumenta a anarquia, a tendência vai em direção à repressão, em direção de um estado monolítico. Mas tudo isso, que é parte do mundo, não está na consciência da maioria, exceto como um item ocasional do noticiário. Assim, o mundo segue com cada indivíduo vivendo em sua ilha particular, encerrado em suas próprias preocupações individuais – sua família, suas ansiedades, suas ambições. Ele ignora o resto do mundo com suas belezas e suas tragédias.

O mundo atual é um mundo de tremenda insegurança política, econômica e social. Há muitas causas para isso. O aumento populacional leva à redução dos recursos e crescentes pressões. As pessoas exigem mais e mais coisas e se sentem inseguras à medida que observam os recursos minguarem. A insegurança logicamente gera o medo e isso é visível em toda a parte nas agitações, greves e agrupamentos de pessoas a fim de protegerem seus próprios interesses. Então o mundo se torna cada vez mais dividido à medida que as pessoas se agrupam a fim de superarem sua insegurança e seu medo.

Quando está amedrontada, a pessoa se sente ameaçada pelo que acontece em sua volta, e cada qual se fecha em si mesma. Na Índia, onde no passado as pessoas pouco sofriam com a inveja, e olhavam para os que tinham mais com olhos pacíficos e gentil contentamento, hoje se encontra o aumento da agressividade e da inveja que surgem do medo. Cada pessoa que se sente ameaçada torna sua casca mais dura e fortalece as alianças às quais ela crê que lhe trarão proteção. Seus preconceitos também são fortalecidos. Quando a vida está cheia de medo e pressão, a mente humana perde seu sentido de perspectiva. Na ausência de perspectiva, não pode haver nem entendimento do que ocorre ao redor, nem a possibilidade de resolver as dificuldades. A pessoa não pode ver o perigo à frente, se seus olhos estão estreitamente focados em um único ponto na área logo à sua frente. Um homem que está ansioso com um pouco de lama na estrada e anda de cabeça baixa pode mergulhar em um precipício. A necessidade do momento que monopoliza a atenção torna impossível ver o que precisa ser visto, e muito menos encontrar uma resposta para um problema. A miopia da autopreocupação do homem aleija sua visão e incapacita sua mente.

O milenar problema do homem exige uma mente dotada de amplidão, compreensão e atenção perspicaz para solucioná-lo. O problema é como viver em paz e harmonia com as outras pessoas, com a natureza, consigo mesmo, e deixar que tudo de melhor que existe dentro de si aflore em um estado de beleza e perfeição.

No mundo atual, os exemplos de visão limitada são abundantes. A especialização é uma de suas formas. Quando a mente se move em um sulco, ela fica indiferente aos outros assuntos. O químico que produz substâncias mortíferas é capaz de ficar totalmente indiferente e despreocupado com o que acontece quando estas substâncias são liberadas. Animais e pássaros podem ser mortos, o solo pode ser contaminado e o clima alterado, mas ele está interessado somente na produção da sua substância. Um famoso cientista nuclear disse supostamente que estava preocupado somente em fazer a bomba e não ligava onde ela fosse cair.

Outra expressão comum da visão limitada é a compartimentalização. Os assuntos seculares, por exemplo, tornam-se separados dos assuntos religiosos. A mente fica satisfeita com alguma atividade religiosa como ir à igreja ou assistir a uma reunião, enquanto o restante da vida continua sem relação com as preces ditas ou com a palestra que foi assistida. Então, o pensamento e a ação, o discurso e a prática ficam separados. A ação social também fica distante do estilo de vida individual. O chamado humanitário pode ser também arrogante, presunçoso e até mesmo cruel nos seus relacionamentos pessoais. A pessoa pode ser gentil com os animais e estúpida com os seres humanos, ou pode ser boa para os seres humanos, e indiferente às plantas e aos animais.

Ainda outra forma de visão limitada se manifesta na associação exclusiva com o grupo de pares da pessoa, quer seja composto de *hippies*, intelectuais, engenheiros ou qualquer coisa do tipo. Na Índia, a família se torna o círculo dentro do qual todos os interesses se concentram – um grupo tão importante que nada mais interessa. A arrogância que nasce de ser 'moderno' ou 'progressista' é outro sulco. O poeta Kalidasa disse que tudo o que é velho não é necessariamente bom; nem aquilo que é moderno. O progressista, não menos que o tradicionalista se deixa levar por noções que limitam a sua visão.

Uma mente que mostra parcialidade por uma coisa ou por outra não pode ter perspectiva. A parte à qual ela se fixa pode parecer grande, mas ainda é apenas uma parte. Uma mente que funciona por frações e parcelas, de acordo com a conveniência do momento, está iludida porque não consegue enxergar o todo. Ter um senso de perspectiva e estar apercebido das questões mais amplas significa não apenas que a mente precisa não ser parcial, mas que ela também tem que ser sensível. Quando existe insensibilidade, existe visão limitada. Se a mente apenas vê o óbvio, o concreto, se ela não é capaz de ver o sutil, aquilo que está sob a superfície, se ela é incapaz de responder ao não dito, as impressões do íntimo, ela perde muita coisa. A mente e o coração precisam se tornar mais sensíveis a fim de ver o todo.

A insegurança, como já dissemos, leva as pessoas à autopreocupação. Existe uma busca insaciável pelos objetos do desejo, por qualquer coisa que o homem possa possuir, porque ele sente que em bem pouco tempo elas podem estar perdidas para ele para sempre. A compulsão por prazer, ou qualquer compulsão ou desejo automotivado, deixa a pessoa insensível. A insegurança faz a pessoa afirmar sua posição, ou se definir como mulçumano, judeu, hindu ou algo do tipo. As identidades que damos a nós mesmos, as afirmações que fazemos sobre nossa própria personalidade são sintomas de visão limitada, nascida da autopreocupação e da motivação egoísta que cria a insensibilidade. A identificação com uma função, como profissional, homem rico, homem pobre, a identificação com a própria aparência física, surge, como foi dito, de fatores condicionantes que acontecem desde o nascimento. Ser inteligente requer que a pessoa veja e descarte tudo isso.

O primeiro objetivo da Sociedade Teosófica fala da criação de um núcleo da fraternidade humana sem distinção de raça, credo, casta, sexo ou cor. Existem outras distinções que ele não menciona. Ele implica que a pessoa precisa mergulhar dentro de si mesma a fim de renegar todos aqueles valores, ideias e noções que, permanecendo ocultas no interior da mente, projetam os objetos de desejo e as muitas ilusões às quais nós nos apegamos.

Ser um teósofo significa ser livre, aprender a examinar inteligentemente a fim de encontrar dentro de si mesmo aquele estado de pureza e austeridade. Se a pessoa puder descartar as buscas, deixar de criar ilusões para si mesma, se a pessoa não afirma sua personalidade de maneira nenhuma, ela atinge a suprema simplicidade. A simplicidade não é uma questão de vestimenta exterior ou circunstância. É um estado que surge quando a pessoa não se apega a mais nada. É neste estado de simplicidade, de *Samnyāsa* ou austeridade, que a pessoa pode descobrir a sabedoria para resolver os problemas da humanidade e fazer do mundo um lugar melhor. Há uma urgência de se provocar tal mudança.

* * *

Informações sobre Teosofia e o Caminho Espiritual podem ser obtidas na Sociedade Teosófica no Brasil, no seguinte endereço: SGAS - Quadra 603, Conj. E, s/nº - (61) 3226-0662, CEP 70200-630. Também podem ser feitos contatos ou pelo e-mail st@sociedadeteosofica.org.br - www.sociedadeteosofica.org.br